हाथ उठाकर बारिश ने बस रुकवाई

हाथ उठाकर बारिश ने बस रुकवाई

वाणी भारतीय कविता
अनुवाद शृंखला - 2

नीलिम कुमार

चयन एवं अनुवाद

अनामिका

वाणी प्रकाशन

वाणी प्रकाशन

4695, 21-ए, दरियागंज, नयी दिल्ली 110 002

फ़ोन : +91 11 23273167 फ़ैक्स : +91 11 23275710

शाखाएँ

अशोक राजपथ, पटना 800 004, बिहार

कॉफ़ी हाउस कैम्पस, महात्मा गांधी मार्ग, इलाहाबाद 211 001, उत्तर प्रदेश

महात्मा गांधी अन्तरराष्ट्रीय हिन्दी विश्वविद्यालय, वर्धा 442 001, महाराष्ट्र

सुल्तानिया रोड, मोतिया पार्क, भोपाल 462 001, मध्य प्रदेश

www.vaniprakashan.com
marketing@vaniprakashan.in
sales@vaniprakashan.in

Hath Uthakar Barish Ne Bus Rukwai
by Neelim Kumar
Selected & Translated by Anamika

ISBN : 978-93-5518-069-8
Poetry Collection

प्रथम संस्करण 2022

मूल्य : ₹ 350

आर. टेक ऑफ़सेट प्रिंटर्स, दिल्ली-110032 में मुद्रित

वाणी प्रकाशन का लोगो मक़बूल फ़िदा हुसेन की कूची से

अनुक्रम

भारतीय कविता : अनुवाद की 'लोकनी'

जब दो सभ्यताएँ एक-दूसरे से संवाद साधती हैं, अनुवाद के आसरे ही। कुछ देर तो खींचा-तानी चलती है फिर प्रीतिकलह के दौरान जो आदान-प्रदान घटता है, उसे समझा जा सकता है 'गीतगोविन्द' के उस प्रसंग के आश्रय जहाँ रास के बाद राधा गोविन्द के कपड़ों में बैठी हैं, गोविन्द राधा के परिधान में। यही प्रसंग अमीर खुसरो के यहाँ कुछ यों गूँजता है–

'छाप-तिलक सब छीनी रे
मोसे नैना मिलाय के,
अपने ही रंग रंग लीने रे,
मोसे नैना मिलाय के।'

नैना मिलाती दो सभ्यताएँ जब आमने-सामने खड़ी होती हैं, 'अपने ही रंग रंग लीनी रे', वाला सवाल सिर्फ़ हेजेमनी का सवाल या 'कॉलोनियलाइजेशन ऑफ माइण्ड' का सवाल नहीं रहता–कहीं भीतर कुछ एक-दूसरे को छू भी जाता है और प्रमुदित समर्पण की स्थिति भी घटती है। दोनों भाषिक संस्कृतियों के भीतर कुछ सहज खिलता है, दृष्टि दोनों की बड़ी होती है।

आदर्श स्थिति तो किसी भी रिश्ते की यही होती है कि कोई किसी पर हावी न हो, संवाद के दौरान कुछ ऐसा घट जाये कि अपने ही भीतर नयी खिड़कियाँ खुलें और पाठक रचयिता भी हो जाए–अर्थ का सह-प्रस्तोता। पर आदर्श स्थिति हमेशा घट नहीं पाती, सम्बन्धों की

अपनी राजनीति भी होती है जिसके तहत लोग सामने वाले व्यक्ति/पाठ या संस्कृति का कचूमर निकालने पर तुल जाते हैं।

विवर्तन, भाष्य, अर्थक्रिया और संस्कार कर्म—चार नामों से प्राचीन भारत में अन्तःपाठीय संवाद प्रचलित थे—मूल पाठ का कचूमर निकाले बिना एक समानान्तर पाठ रच देने की कला में निष्णात। आनन्दवर्धन ने तो कहा कि जिन रचनाओं के गर्भ से अन्य रचनाएँ न फूटें, उन्हें, 'अयोनि पाठ' मानना चाहिए। 'योनि' को यहाँ हम उस 'अपोरिया' के रूप में भी पढ़ सकते हैं जहाँ कई तरह के विरोधाभासी अर्थ पाठीय अवचेतन में तैरते हुए एक रूढ़ गाँठ-सी बना देते हैं। यह गाँठ अनेक दृष्टियों से पाठ को पाठ के विरुद्ध पढ़ने से ही खुलती है, वह भी पूरी तरह नहीं।

राजशेखर अनुवाद को परपुरप्रवेश कहते हुए यह बताते हैं कि कहाँ यह पदार्थहरण सर्वथा उचित है—खण्ड के रूप में हो या तैलबिन्दु की तरह पाठ की सतह पर पूरी तरह फैला हुआ। वे कहते हैं कि अभिनेता के वस्त्र की तरह पदार्थहरण के प्रभाव रंग-बिरंगे और अर्थपूर्ण भी होते हैं (नटेनपट)

जिसे पश्चिम की दुनिया इन दिनों 'थिक टेक्स्ट' की तरह सराह रही है और जिस 'थिक टेक्स्ट' में शब्दों के बीच फैले अर्थाकाश की अनुगूँजें पकड़ने पर इतना जोर दे रही है—उसे 'इण्टरटेक्चुऐलिटी कहती हुई—भारतीय आचार्यों ने उसके सूत्र बारहवीं सदी में सुझाए थेः 'अपने ही रंग रंग लीनी रे' का एक सबल उत्तर-औपनिवेशिक पाठ यह भी हो सकता है।

भर्तृहरि की मानें तो अर्थ को शर्मीली दुल्हन के रूप में भी पढ़ सकते हैं जो धीरे-धीरे स्वयं को अनावृत्त करती है—परा, पश्यन्ती, मध्यमा, फिर बैखरी। इस दुल्हन के साथ जबर्दस्ती अश्लीलता है, पर उसने साथ अन्तः पाठीय संवादों में लीला साधी जा सकती है।

भारत के अलावा चीन की 'फैन यी' परम्परा, नाइजीरिया की 'लेपिंग' परम्परा और ब्राजील का 'कैनिबलाइजेशन' उत्तर आधुनिक अनुवाद से मिलती- जुलती तकनीकें हैं। 'फैन यी' चीनी कढ़ाई शास्त्र से

लिया गया शब्द है। कढ़ाई के फूलों के पीछे धागों का जो कच्चा-पक्का वितान तना होता है, उसे फैन यी कहते हैं। अनुवाद यानी फैन यी। उसकी अस्त-व्यस्तता, उसके कटे-फटेपन में ही असल अन्तःसूत्र कौंधते हैं। विनुती 'थिक ट्रांसलेशन' की वकालत करते हैं, जिसमें अनुवाद अनुवाद की तरह ही लगे, बहुत चिकना-चुपड़ा नहीं, पर इसमें मूल की गन्ध बसी हो। यह 'फैन यी' तकनीक के करीब पड़ता है और 'लैपिंग' का मतलब है पुनर्कथन जो हमारे यहाँ की 'भाष्य' परम्परा से मिलता है। यही पश्चिम में 'इण्टरटेक्चुऐलिटी' के नाम से परवान चढ़ा।

आधुनिक अनुवाद-शास्त्र दुनिया को बिजली का एक सर्किट मानता है और चाहता है कि इसमें सभी छोटी-बड़ी भाषाएँ एक-दूसरे से विद्युत लेकर एक खास तरह का पॉलिसिस्टम विकसित करें। इसी से अनुप्राणित मेरे ये अनुवाद हैं जिसकी प्रक्रिया पर थोड़ी बातें आगे रखना चाहूँगी।

× × ×

तिरहुत का खासा रूढ़ शब्द है 'लोकनी'। 'लोकनी' यानी वह वृद्धा या प्रौढ़ा दाई जो बालिका वधू को अपने संरक्षण में ससुराल लाती थी। नये परिवेश में नयी बहू ख़ुद ही मुँह खोलकर कुछ माँगे या किसी बात का जवाब दे—यह तो मर्यादा का उल्लंघन माना जाता था। उसकी तरफ़ से जो कहना होता था—'लोकनी' ही कहती थी।

'पाँच कोस पर पानी बदले, आठ कोस पर बानी' वाला तर्क मानें तो एक ही अंचल में कई तरह की बोलियाँ बोली जाती हैं। मिथिला की 'मैथिली' और वैशाली की 'बज्जिका' भगिनी भाषाएँ ही हैं—पर इन दोनों अंचलों के बीच भी कई तरह की मैथिलियाँ, कई तरह की बज्जिकाएँ बोली जाती हैं। 'लोकनी' दुनिया देखकर अघाई हुई वैसी बुद्धिमती स्त्री होती थी (प्रायः वंचित वर्ग की विधवा, बुढ़कुँवारी या अनाथ) जो उस अंचल की सभी उपभाषाओं का लोच अलग-अलग पहचानती थी। ज़्यादातर बेटियाँ तो आसपास के गाँवों में ही ब्याही जाती थीं, पर अगर किसी की 'अन्य' जात-धर्म के बालक से चिट्ठी-पत्री हो गयी और उसके नाम के साथ कोई लोकापवाद जुड़ गया तो दूर-'देश'

यानी दूरस्थ अंचलों में भी बेटी ब्याहकर छुट्टी पाते थे लोग। ऐसे में 'लोकनी' बेचारी की भूमिका और विषम हो जाती थी; उसे ब्याह के दो-तीन महीने पहले वहाँ जाकर स्थानीय भाषा का अन्तरंग समझना होता था ताकि 'बहू' और 'नये घर' के बीच का दौत्य ठीक से निभा सके।

इसी अर्थ में कह रही हूँ कि अनुवाद 'लोकनी' का धर्म निभाते हैं और उन्हें 'घर'-'बाहर'—दोनों के भाषिक परिवेशों में ताल-मेल बिठाकर रखना होता है ताकि 'अर्थ' का 'अनर्थ' न हो जाये...और ऐसा करते हुए हँसमुख भी बना रहना होता है, ऐसा मुँह नहीं बनाना होता है जैसे मन-भर का बोझ माथे पर हो, और भारी-भरकम, थके- बुझे क़दमों से नहीं, उड़ते हुए क़दमों से चलना होता है ताकि 'गृहीता' परिवेश बोझिल न हो जाये।

समकालीन भारतीय परिदृश्य के अपने विशिष्ट कवि-मित्रों के लिए मैंने इसी हँसमुख 'लोकनी' दाई की भूमिका निभाई है हालाँकि सिद्ध लोकनियों की तरह मैंने प्रतिवेशिनी (मूल) भाषा में कोई विशिष्ट योग्यता हासिल नहीं की, अंग्रेज़ी नामक सूत्रधार भाषा के दम पर संकल्प साधा, पर मेरी ख़ुशकिस्मती यह रही कि मेरे प्रिय कवि मेरे मित्र भी थे—उन्होंने मुझे समय दिया, मेरे साथ बैठे, मूल की अन्तर्ध्वनियाँ पकड़ने में मेरी मदद की। साथ-साथ हमने कविता का पारायण किया, कई-कई ड्राफ्ट बनाये और इस बात का ख़ास ध्यान रखा कि अनुवाद न बोझिल हो, न उड़नछू।

आलोचकों का एक बड़ा निकाय मानता है कि कविता वह जो अनुवाद में नष्ट हो जाये, और दूसरे निकाय का कहना है कि कविता वह जो अनुवाद का झटका झेलकर भी ठठी रहे। शब्द-संयोजन, प्रवाह, वक्रोक्ति और श्रुतियों-अनुश्रुतियों-अनुगूँजों को काव्य की आत्मा समझने वाले लोग पहले निकाय के हैं और कथ्य या फलितार्थ को काव्य की आत्मा मानने वाले लोग दूसरी तरह के।

मेरी अपनी मान्यता यह है कि बेहतरीन कविताएँ वे जो अन्तःपाठीय संवाद के दस द्वार खोलें और मन में इस दायित्व का संचार भी करें कि इनसे बेलगाम छेड़-छाड़ न की जाये। अपनी भाषा में अनुकूलित

करते हुए पाठ की एकतानता थोड़ी टूटे भी तो इस एहसास के साथ कि ये तो पहले से ही बेहतरीन शब्दों का सर्वोत्कृष्ट संयोजन हैं, इन्हें अपने इशारों पर नचाने की कोशिश एक अभद्र कृत्य है।

समकालीन भारतीय कविता-परिदृश्य से ये जो विशिष्ट कवि मैंने आनुवादिक गपशप के लिए चुने हैं—हिन्दी के लिए उनके मन में गहरा अनुराग रहा है, ख़ासकर हिन्दी कविता के लिए। खड़ी बोली हिन्दी भारतीय भाषाओं के संयुक्त परिवार की सबसे छोटी (कन्या) भाषा है और किसी भी परिवार की सबसे छोटी कन्या की तरह सबकी मुँहलगी और चहेती भी। आधुनिकता के गर्भ से जनमने के कारण यह गहरे अर्थों में जनतान्त्रिक भी रही है : संवाद-अनुवाद-वाद-विवाद की केन्द्रस्थ भाषा, स्वाधीनता आन्दोलन की भाषा—विभिन्न भाषिक संस्कृतियों के बीच पुल बनाने का संस्कार यह घुट्टी में पीकर आयी है। प्यार करना इसको आता है—अहैतुक किस्म का प्यार जो देने में ही सुख पाता है, वापस क्या मिला, इसपर कभी ध्यान नहीं देता। जो कवि अपनी भाषा की आन्तरिक संरचना बदलने वाली बंकिमता घटित करता है, हिन्दी उसकी ओर दोनों हाथ बढ़ाकर खड़ी होती है; और बाबा तुलसी ने अतिथि-सत्कार का जो व्यंजक चित्र खड़ा किया है, कवि शायद उसी से प्रभावित होकर दूसरी समृद्ध भाषाओं की ओर न जाकर अपनी हिन्दी के पास ही आते हैं—

> 'आवत ही हरषै नहीं नैनन नहीं सनेह,
> तुलसी वहाँ न जाइए, कंचन बरसे मेह।'

भारतीय अनुवाद की समस्या

हर भारतीय पर भाषाई पंचवटी की छाँह होती है। जैसे कि संयुक्त परिवार में जन्मा कोई भी बच्चा कई आँचलों की छाँह में पलता है, हर भारतीय के चित्त पर कई-कई बोलियों-बानियों की छाया होती है। घर में बुजुर्गों से वह एक भाषा में संवाद करता है, माता-पिता, भाई-बहनों से किसी और भाषा में, दोस्तों और फेसबुक के साथी उससे किसी तीसरी

भाषा में बात करते हैं और आसपास बिखरे कामगर-साथियों से (दूधवाले, सब्ज़ीवाले, सफ़ाई कर्मचारी, इस्त्रीवाले भाई से) उसकी अन्तरंगता का विस्तार किसी चौथी-पाँचवीं भाषा/बोली में होता है। कभी-कभी शिक्षण-प्रशिक्षण की भाषा और कोई भाषा भी होती है। और अगर घर में कोई धार्मिक पुस्तक पढ़ी जाती है तो उसकी भाषा भी अलग हो सकती है।

यह साझा मातृत्व भाषाओं के इस संयुक्त परिवार में ही सम्भव है जिसे भारत कहते हैं। एक घर में यदि पाँच भाषा-क्षेत्रों से पाँच बहुएँ आयीं तो भी घर पाँच भाषाओं की छाँह पा जाता है। (बहुओं को पहले उनके मायके के गाँव से जोड़कर बुलाते भी थे—डुमराववाली, सुस्तावाली, बैरियावाली वगैरह।) एक साथ कई-कई बोली-बानियों के घर आने-जाने की यह सुहावनी परम्परा हर भारतीय को एक जन्मजात अनुवादक बना देती है :

"कोई कवि बन जाये, सहज सम्भाव्य है"

पर कई सगोत्र भाषाओं (बोलियों) या अलग गोत्र की भाषाओं से दोस्ती हमें अनुवादक के रूप में थोड़ा धृष्ट भी बना देती है। अन्तरंगता अनुशासन के बन्धन थोड़ा ढीला कर ही देती है। वैसे भी, कृषिप्रधान देशों में लोग स्वभाव से बहुत औपचारिक या सैन्य अनुशासन वाले नहीं होते। 'क्या अपना, क्या पराया' का बोध ही क्षीण हो जाता है। जिसे पश्चिमी समाज आज 'अन्तःपाठीय' कहता है, उसकी कई जीवन्त मिसालें 'रामायण' और 'महाभारत', 'पंचतन्त्र' और जातक कथाओं के स्वच्छन्द अनुवादों/भाष्यों/संस्करणों में उपलब्ध हैं। प्रोफ़ेसर राधावल्लभ, प्रोफ़ेसर ऋषि जैसे उद्भट विद्वानों की बहुतेरी अन्तर्राष्ट्रीय सम्मान प्राप्त कृतियाँ अन्तःपाठीय अनुवादों का भास्वर उदाहरण हैं।

जैसे नानी-दादी की जड़ाऊ साड़ियाँ काट-छाँटकर उनकी डिजाइनर पोशाकें युवतियाँ सिल लेती हैं, भारतीय भाषाओं का सारा आर्ष और लोकसाहित्य नये-नये काटों से पुनर्सृजित हुआ है। आधुनिक संवेदना का विस्तार भारतीय भाषाओं में जातीय स्मृतियों की बैटरी रीचार्ज

करते हुए ही हुआ। देश नया-नया स्वतन्त्र हुआ था, पश्चिमोन्मुख रहने में स्वाभिमान की हानि थी। ध्वस्त अस्मिता का पुनर्निर्माण मिथकीय/शास्त्रीय और लोकचेतना से नया (धर्मनिरपेक्ष, बौद्धिक) संवाद घटित किये बिना तो असम्भव था। मार्क्स और फ्रॉयड, रूसी और यूरोपीय लेखक भी अनुवाद के रास्ते ही हमारे घर आये थे और अन्य भारतीय भाषाओं के क्लासिक भी अनुवाद के ज़रिये ही हमने पचाये थे। इस तरह देखा जाये तो आधुनिकता की पूरी चेतना ही अनुवाद के रास्ते विकसित हुई।

उत्तर-औपनिवेशिक प्रतिकार अनुवाद की राजनीति में बखूबी झलका, ख़ासकर हिन्दी में। स्वाधीन भारत में पहले दौर के जितने अनुवाद हुए—उनमें यूरोप की अन्य भाषाओं की कालजयी रचनाएँ प्रमुखता पा गयीं। यह अवचेतन का निर्णय था या ब्रिटिश प्रभुत्व के भूतभगावन संकल्पों का चौकस निर्णय, साफ़ कहना मुश्किल है, किन्तु हिन्दी के कुछ मूर्धन्य साहित्यकार, प्रेमचन्द, राजेन्द्र यादव और निर्मल वर्मा ग़ैर-ब्रिटिश यूरोपीय उपन्यासों के अनुवाद हिन्दी में लाये और विश्व-कविता के प्रमुख हिन्दी अनुवादकों, रघुवीर सहाय, धर्मवीर भारती और रघुवीर सहाय से लेकर अशोक वाजपेयी, विष्णु खरे, वीरेन्द्र वरनवाल, वरयाम सिंह, त्रिनेत्र जोशी और सुरेश सलिल तक ने ग़ैर-ब्रिटिश यूरोपीय कविता के ही भास्वर अनुवाद किये, कुछ इस तरह कि भारतीय जनजीवन और चिन्तन उनसे सहज संवाद कर सका। अफ्रीकी, पोलिश, हंगेरियन, जर्मन, रूसी और लातिन अमरीकी सोच का छन्द और उनके राजनीतिक संघर्ष का लम्बा इतिहास भी हमारे तादात्म्य-बोध में निर्णायक सिद्ध हुए।

भारतीय भाषाएँ आपस में कम-कम बतियाईं, लेकिन बिल्कुल नहीं बोलीं—ऐसा नहीं कहा जा सकता। इस सन्दर्भ में हंस कुमार तिवारी, रणजीत साहा, देवेश आदि प्रखर अनुवादकों, साहित्य अकादेमी, भारतीय ज्ञानपीठ और नेशनल बुक ट्रस्ट के अलावा राजकमल, ज्ञानपीठ, राजपाल और वाणी प्रकाशन, हिन्द पॉकेट बुक्स, संवाद और इतिहासबोध प्रकाशन आदि का प्रकट योगदान है। पुरस्कृत रचनाओं के अलावा भी कुछ के

अनुवाद 'समकालीन भारतीय साहित्य' और 'इंडियन लिटरेचर' जैसे साहित्यिक जरनल नियमित रूप से सामने लाते रहे और इन अनुवादों में उस तरह की मस्ताना या सूफ़ियाना छूटें भी नहीं थीं।

ख़ासकर स्त्री-अस्मिता, दलित और आदिवासी अस्मिताओं को निवेदित रचनाएँ भारतीय भाषाओं में बिजली की क्षिप्रता से इधर-उधर गयीं। पर यहाँ एक बात नज़र आयी कि हिन्दी, मलयाली, पंजाबी, मराठी भाषाएँ भगिनी-भाषाओं के अनुवाद में अधिक उदार रहीं। तमिल, तेलुगु, कन्नड़, बांग्ला और उड़िया–जैसी भाषाओं का जैसा विपुल अनुवाद इन भाषाओं में हुआ, इनका अनुवाद उन भाषाओं में नहीं हो पाया। 'ऊधो का लेना पर माधो का न देना' जैसे इन भाषाओं का संस्कार हो गया क्योंकि बहुत दिनों तक ये महत्त्वपूर्ण भाषाएँ इस श्रेष्ठता-ग्रान्थि का शिकार रहीं कि ये अपने-आप में परिपूर्ण हैं, और भाषाओं में क्या चल रहा है–इन्हें जानने की ज़रूरत नहीं है। स्त्री-दलित और आदिवासी साहित्य के सजग-अनुवाद उपक्रमों से यह भ्रम कुछ हद तक टूटा, और अंग्रेज़ी या हिन्दी की मध्यस्थता से भी जितने अनुवाद सम्भव हुए–उनमें एकतानता थी। भारतीय भाषाओं की लय, परामानस की उनकी अवधारणाएँ, उनके साहित्यिक और सांस्कृतिक निकष, उनका तत्सम कोश साझा हैं–इसलिए उनके आपसी अनुवाद अधिक सरस, निर्बाध और सहज होते हैं।

हाल-फिलहाल अभय कुमार दुबे, आदित्य निगम, रविकान्त, हिलाल अहमद आदि समर्थ विद्वानों द्वारा समाजविज्ञान और विमर्शात्मक लेखन का हिन्दी में आयात तो भरपूर हुआ, पर हिन्दी से अंग्रेज़ी में निर्यात न के बराबर। ग़ैर-बराबरी की जो संरचनाएँ सामाजिक व्यवस्था पर हावी हैं, विषयों और भाषाओं के सहज संवादी स्वरूप का भी खण्डन करती दीखती हैं।

अनुवाद की जो दो-तीन तरह की समस्याएँ साफ़ उभरकर सामने आती हैं, उनमें पहली है अतिशय ढीले और अतिशय चुस्त अनुवाद। इन अतिशयों के बीच की संवादी राह निकालना ज़रूरी है। दूसरी चुनौती है पदानुक्रम-मुक्त आवाजाही जिसमें किसी संस्कृति को फुटनोटिंग

की यानी चरणों में लोटवाने की ज़रूरत न पड़े, एक ही धरातल पर, पैरेन्थेसिस आदि तकनीकों के जरिये सन्दर्भकीलित रूढ़ शब्द अनूदित और सन्दर्भित हो जायें—लगे जैसे एक ही चटाई पर बैठी बतियाती हों भाषाएँ। अनुवाद की भाषा में एक अन्तरंग प्रकाश हो, तनाव नहीं हो, पर बातें छूटें नहीं—और संघनित हो जायें, सांस्कृतिक पर्याय उन्हें और संघनित करें तो अच्छा! मूल का संक्षेपण नहीं हो तो अच्छा। अनुवाद के लिए जो श्रेष्ठ रचनाएँ चुनी जाती हैं, वे लद्धड़ और फोंक भरी तो होती नहीं, फिर करतब्योंत क्यों? और कतरब्योंत की ज़रूरत पड़े तो अनुवाद क्योंकर?

सन्दर्भकीलित पाठों के लिए कम-से-कम कविता के अनुवाद में हम जुड़वाँ पाठ जारी कर सकते हैं—एक शाब्दिक अनुवाद का, दूसरा अन्तःपाठीय/भाष्यपरक/सांस्कृतिक पर्याययुक्त मुक्त अनुवाद का। और भी कुछ उपाय साधे जा सकते हैं कि जिससे 'खूबसूरती' और 'वफ़ादारी', 'चिकने' और 'रुखड़े' के बीच का विवाद पिघले।

काव्य-दार्शनिकों का एक निकाय कहता है कि कभी-कभी कविता बनी-बनाई 'उतर' आती है, किसी तरह की छेड़छाड़ से उसकी संरचना ढहती ही है, सँवरती नहीं। प्रसिद्ध रोमांटिक कवि और काव्य-दार्शनिक कालॅरिज कविता को 'best words in best order' (बेहतरीन शब्दों का सर्वोत्कृष्ट क्रम) कहते हैं। एक बात यहाँ विशेष ध्यान देने की है। कभी-कभी ही ऐसा होता है कि कविता कैडाइलोस्कोप के फूलों की तरह ढली-ढलाई उतर आये। अक्सर उसके शिल्प पर मेहनत करनी होती है। दूसरे महान रोमांटिक कवि-दार्शनिक, वर्डस्वर्थ के शब्दों में कहें तो उसे 'recast' करना होता है। प्रशान्त क्षणों में, आवेग उतर जाने के बाद 'recollect' करना होता है, भाव-विचार-बिम्ब-काव्योक्तियाँ पुनर्संयोजित होती हैं और इस पुनर्संयोजन के बाद जो संरचना सामने आती है, यदि वह अच्छी कविता है तो, किसी तरह की छेड़छाड़ से उसकी एकतानता टूटती ही है। इस तरह अन्तिम ड्राफ्ट में अच्छी कविता सचमुच बेहतरीन शब्दों का सर्वोत्कृष्ट संयोजन हो जाती है।

अनुवाद है तो एक छेड़-छाड़ ही। अपनी भाषा में अनुकूलित करते हुए पाठ की एकतानता टूटती रही है। अनुवादक चाहे-अनचाहे सम्पादक भी हो जाता है। चाहता है कि बेहतरीन कविताओं के अनुवाद से अपनी भाषा वह समृद्ध करे, और बेहतरीन कविताएँ मानिनी नायिकाओं की तरह छेड़छाड़ कम ही बर्दाश्त करती हैं। उनको मान यह होता है कि वे पहले से ही बेहतरीन शब्दों का सर्वोत्कृष्ट संयोजन हैं। उन्हें कैसे कोई इधर-उधर नचा सकता है।

कुछ 'पाप' ज़रूरी होते हैं। आदम-हव्वा यदि सेब नहीं खाते—सृष्टि आगे कैसे बढ़ती। सीता यदि लक्ष्मण रेखा नहीं लाँघती, रावण का वध कैसे होता। यदि हम अनुवाद-कर्म बन्द कर दें तो नोबेल पुरस्कार, ज्ञानपीठ सहित दुनिया के सब बड़े पुरस्कार बन्द हो जायें या फिर सभी निर्णायकों को सभी भाषाओं का यथोचित ज्ञान होना ज़रूरी हो, पाठ्य-पुस्तकों से विश्व-साहित्य ग़ायब हो जाये, इतनी सारी महत्त्वपूर्ण लघु-पत्रिकाएँ जो अनुवाद को निवेदित हैं, बन्द हो जाएँ, अन्तःपाठीय उड़ानों और सांस्कृतिक आदान-प्रदान के जो अनवरत क्रम सब साहित्यिक धरोहरों को लगातार स्पन्दित रखे है, बन्द ही हो जाये, विश्व-नागरिक होने का सन्तोष ही ख़त्म हो जाये—सीमित और संकुचित हो जाये यह दुनिया।

अच्छे अनुवादक साहित्य के सर्वाधिक निस्संग योगी होते हैं, दो संस्कृतियों के बीच पुल बनाने वाले अभियन्ता। संसार उनसे बहुत उपकृत रहा है। अनुवादक न होते तो न आधुनिकता घटती, न कोई और वैचारिक क्रान्ति। समकालीन अनुवाद पद्धतियों ने कई बड़े विचार दिये हैं।

अनुवाद न होते तो एलियट एलियट न होते, येट्स येट्स नहीं, रवीन्द्रनाथ भी रवीन्द्रनाथ नहीं होते। हिन्दी पट्टी के मनोलोक-विस्तार में रूसी साहित्य और बांग्ला साहित्य—दोनों की बड़ी भूमिका रही है, और भला किसके सहारे? अनुवादकों के सहारे ही। सामान्य रचनाएँ भी अगर अच्छे अनुवादकों के हाथ लगीं तो उनका उद्धार हो जाता है, उनके झोल मिट जाते हैं और वे अधिक चुस्त हो जाती हैं। पर इसका विलोम भी सत्य है, इसलिए अनुवाद कार्य एक गम्भीर उत्तरदायित्व है, गम्भीर लेकिन मज़ेदार।

'सृजन की थकन भूल जा, देवता' : हमारे अनुवादक कवि

सभी बड़े आधुनिक कवि अपनी थकान अनुवाद से मिटाते रहे हैं। अपनी थकी शिराओं में स्फूर्ति भरने की ख़ातिर वे अनुवाद की ओर जाते रहे हैं। भवभूति ने अपने प्रसिद्ध श्लोक में जिस 'समानधर्मा' की चर्चा की है, उसका सन्धान सभी रचनाकारों के मन में लगातार ही चलता रहता है। काल निरवधि है, पृथ्वी विपुल–कभी-न-कभी, किसी काल-खण्ड, किसी भूखण्ड में कोई तो ऐसा होता जिससे मेरा हृदय-संवाद पूरा हो–इस उम्मीद की परिपुष्टि करते हैं अनुवाद। वे स्थान और काल की सीमाओं के पार ले जाकर रचनाकारों को 'समानधर्मा' से मिलाते हैं, उनमें नयी ऊर्जा भरते हैं। अनुवाद एक तरह का मूक-सम्भाषण है और अनुवादक सांस्कृतिक राजदूत। पास्तरनाक ने अपनी थकान के क्षणों में शेक्सपियर के सफल अनुवाद किये, अपने यहाँ भी अधिकांश कवि सफल अनुवादक रहे हैं, किन्तु सफल अनुवादक होने की शर्त नहीं है कवि होना।

कभी-कभी तो कबाड़ा ही करते हैं कवि। वे दूसरों का या स्वयं अपना भी अनुवाद करते हुए कई छूटें लेते हैं और एक नयी रचना सामने आ जाती है। अनुवादकों के बीच चुटकुला चलता है कि 'सुन्दर' अनुवाद 'बेवफा' और 'मनचले' होते हैं–सुन्दर महबूब की तरह, और बहुत 'सुशील' अनुवादों के साथ मुश्किल यह होती है कि वे यान्त्रिक हो जाते हैं, उनका प्रवाह बाधित हो जाता है। सफल अनुवाद वह है जो अनुवाद लगे ही नहीं : भारी क़दमों से न चले, गिरे हुए कन्धे न हों जिसके।

सन्दर्भ-बहुल कविताओं का अनुवाद सर्वाधिक जटिल होता है क्योंकि उनमें सांस्कृतिक पर्याय जुटाने होते हैं या फुटनोटिंग करनी होती है। इधर के कुछ सफल अनुवादकों ने 'रिटेंशन' की भी वकालत की है। रूढ़ पद ज्यों-के-त्यों रखे जायें और नीचे फुटनोट में, पाद-टिप्पणी में अर्थ लिखने के बजाय पैरेन्थेसिस में दो डैशों के बीच अर्थ-विस्तार कर दिया जाये–ऐसी मान्यता आर्लीन जाइदी आदि सफल अनुवादकों की बनी है। निम्नांकित उदाहरण से शायद बात स्पष्ट हो सके–

मेरा भाई मुझे समझाकर कहता था
जानती है पूनम,
तारे हैं चुटपुटिया बटन
रात के अँगरखे में टँके हुए
मेरी तरफ़ प्रेस बटन को चुटपुटिया बटन कहा जाता था
क्योंकि चुट से केवल एक बार पुट बजकर
एक-दूसरे में समा जाते थे वे।
वे तभी तक होते थे काम के
जब तक उनका साथी—चारों खूँटों से बराबर
बिल्कुल उनके सामने रहे टँका हुआ।
ऊँच-नीच के दर्शन में उनका कोई विश्वास नहीं था—
बराबरी के वे कायल थे,
फँसते थे, न फँसाते थे,
चुपचाप सट जाते थे,
मेरी तरफ़ प्रेस बटन को चुटपुटिया बटन कहा जाता था
लेकिन मेरी तरफ़ के लोग ख़ुद भी थे
चुटपुटिया बटन की तरह
चुट से पुट बजकर सट जाने वाले।
इस शहर में लेकिन
चुटपुटिया नज़र ही नहीं आते—
सतपुतिया झिगुनी की तरह यहाँ
एक सिरे से ग़ायब हैं
चुटपुटिया जन और बटन।
ब्लाउज़ में भी दर्ज़ी
देता है टाँक यहाँ हुक ही हुक—
हर हुक के आगे विराजमान होता है फन्दा,
फन्दों में फँसे हुए आपस में कितना सटेंगे।
कितना भी कीजिए जतन,
चुट से पुट नहीं ही बजेंगे।

My brother explained this to me
Stars
Are the snap-buttons sewn on the jacket of night
In my part of the world snaps
Were called 'chutputia'
Because with the click of a 'chut'
One snapped into the next.
They had no faith in the high and the low
Advocates of equality
Neither hooking nor getting hooked up
Came together without a fuss
In my part of the world
Snaps were called 'chutputia'
But even the people from my part of the world behaved like snaps
No chutputia here in this alien city
Like sweet gourd, satputia jhiguni
You just can't find them, can't find them anywhere
Chutputia people and chutputia snaps on sari blouses
Tailors in the city sew on hooks, not snaps.
And there's always a gap
Between the hook and the snare of the eyes
No matter how hard you try,
There'll be no click of 'chut' and no 'put'.

हर भाषा में अर्थ-अनर्थ, अर्थ-संकोच और अर्थ-विस्तार विशिष्ट प्रकार के होते हैं। और एक भाषा-घर से दूसरे भाषा-घर तक जाते-जाते कुछ नयी चीज़ें जुड़ जाती हैं, कुछ खो भी जाती हैं। इस महायात्रा में अर्थ अक्षुण्ण रखा जाये, अर्थ का अनर्थ न हो जाये—यह तो ज़रूरी है।

हाटमैन और स्टार्क ने अनुवाद की परिभाषा 'प्रतिपाद्य के स्थानान्तरण की प्रक्रिया' के रूप में की है।

शत-प्रतिशत अर्थान्तरण तो हो नहीं पाता, इसलिए ए.ए. स्मिथ आदि 'सम्भवता' पर ज़ोर देते हैं। अनुवादक योग की स्थिति में पूरी तरह भाव -विचार-शून्य भी हो नहीं पाता, थोड़ी-बहुत आत्मनिष्ठता और आत्मचेतना बनी ही रहती है जिसके कारण काव्यानुवाद क्रम में कभी अर्थ-विस्तार हो जाता है तो कभी अर्थ-संकोच, कभी तो मूल का अपकर्ष हो जाता है, कभी उसका उत्कर्ष भी।

काव्यार्थ सम्बन्धी अध्ययन

लियनार्ड फॉरस्टर के अनुसार, "अनुवाद स्रोतभाषा के प्रतीकों और चिह्नों का लक्ष्यभाषा में अभ्यान्तरण है।" डीस्टर्ड इसे प्रायोगिक भाषा विज्ञान की वह शाखा मानते हैं जहाँ प्रतीक तक एक सुनिश्चित समुच्चय से दूसरे समुच्चय की ओर प्रयाण करते हैं।

श्री अरविन्द ने भाषा की तीन इकाइयाँ बताई हैं—शब्द, अर्थ और उसकी चेतना। काव्यार्थ संश्लिष्ट होता है, शब्दार्थ भी एक अर्थ तक सीमित नहीं होता, पर अर्थागम के बाद ही अनुवाद उसे व्याख्यात्मक प्रणालियों से सम्प्रेषित करता है, उसके सन्दर्भ भी खोलता है। भाव की समानुभूति, अपरिवर्तनीय मूलभाव के स्तर पर अर्थपूर्ण समतुल्य की तलाश, स्रोतभाषा की पाठ्य-सामग्री के मूल सन्देश का अर्थ के स्तर पर सम्प्रेषण और अन्तरण-काव्यानुवाद में सब कुछ समाहित है। ज्ञान-साहित्य की तुलना में सर्जनात्मक साहित्य का अनुवाद दुरूहतर होता है, और कविता का अनुवाद तो सचमुच टेढ़ी खीर है क्योंकि कविता बहुत सारे अन्तःसंघर्ष समाए रहती है।

कविता भाव और कल्पना का उद्‌बोधन ही नहीं, उसका सम्प्रेषण भी है, और नयी भाषा में, विशेषकर विदेशी मूल की भाषा में उद्‌बोधन जगाना बेहद मुश्किल होता है। अभिधा तो कविता में न के बराबर ही होती है और लक्षणा-व्यंजना-व्यापार की सूक्ष्म तरंगों का संवहन दूसरी भाषा में प्रायः नहीं होता। काव्य का माध्यम बिम्बात्मक भाषा है

जो डॉ. नगेन्द्र के शब्द उधार लेकर कहें तो, 'सहृदय की कल्पना में भाव-चित्र जगाकर कृतकार्य होती है।'

तो काव्यानुवाद को पाठक और रचयिता, सहृदय और सर्जक—दोनों की भूमिका में उतरना पड़ता है। पहले पाठक-रूप में कृति आत्मसात करनी होती है, और फिर गृहीत रूप की लक्ष्यभाषा में उसकी पुनर्सर्जना होती है, जहाँ उसे कृति के अभिधेयार्थ में अटके बिना अर्थ-ध्वनि तक पहुँचना होता है। अक्सर उसे उस स्थिति से भी जुड़ना होता है जहाँ शब्दों के अर्थ रुक जाते हैं और पात्रों की आत्मा संकेतों-बिम्बों-प्रतीकों के रूप में अभिव्यक्ति पाती है।

डॉ. शशिमुदीराज ने यह पूरी प्रक्रिया काव्यात्मक ढंग से सामने रखी है :

"रचनाकार अपनी अनुभूति से लिखता है, अनुवादक की अनुभूति अपनी नहीं, उधार ली हुई है। इस कारण रचनाकार यदि ईश्वर है तो अनुवादक एक विवश ईश्वर है क्योंकि उसकी रचनात्मकता उसकी मूल रचना से बँधी है। अनुवादक को वही अनुभव करना है और लिखना है जो मूल रचना में है। इसलिए अनुवादक का कार्य अधिक कठिन है। एक ओर सर्जनात्मकता के आवेग में अपने-आपको डुबो देना और दूसरी ओर आगने निजी व्यक्तित्व को आरोपित होने से बचाये रखना—ये दो शर्तें ऐसी हैं जिनको निभाना और जिनके बीच सन्तुलन बनाये रखना कठिन है।"

अली अकबर ठीक ही लिखते हैं कि अर्थ की मनःसामाजिक भूमिका काल-स्थान सापेक्ष होती है। इसलिए अर्थ-विकास ऐतिहासिक भाषा विज्ञान का एक प्रमुख प्रकरण बन जाता है। भारत में अर्थ-विचार दो प्रकार से हुआ है—खण्ड पक्ष तथा उपखण्ड पक्ष। मनोविज्ञान में इन दोनों को क्रमशः साहचर्य (एसोसिएशन) तथा समग्राकृति सिद्धान्त (गेस्टाल्ट सिद्धान्त) के नाम से जाना जाता है। पहले सिद्धान्त के अनुसार शब्द एक स्वायत्त इकाई है और शब्दों की शृंखलाबद्ध संयोजित इकाई ही वाक्य है। इसलिए आरम्भ में वैयाकरण भाषा का शब्दाश्रित अध्ययन करते हैं (यास्क और पाणिनि आदि)।

दर्शन के मीमांसा सम्प्रदाय ने भाषा के वाक्याश्रित अध्ययन को वैज्ञानिक माना। भर्तृहरि के अनुसार श्रोता या ग्राहक के मन में या उसके बोध-व्यापार में शब्द का नहीं, वाक्य का बिम्ब रहता है। मीमांसा का एक सम्प्रदाय यह भी मानकर चलता है कि हम पहले शब्दार्थ करते हैं और वाक्यार्थ साथ ही विकसित होता जाता है। दूसरे सम्प्रदाय के अनुसार अर्थ वाक्य के सन्दर्भ में ही होता है। वाक्य एक समग्राकृति (गेस्टाल्ट) है, समग्र अर्थ वाक्य से ही प्रकट होता है।

काव्यानुवाद को अर्थ के दोनों ही स्तरों पर सजग रहना होता है। अधिकतर तो शब्दानुवाद के बाद ही वाक्यार्थ भाषान्तरित होता है, अनुवादक को वाक्यार्थ के अनुवाद से सन्तुष्ट होना पड़ता है। नैयायिक सुनिश्चित शब्दार्थ या वाक्यार्थ से सन्तुष्ट हो जाते हैं, पर काव्यानुवादक को अर्थ के भावात्मक, सांस्कृतिक और सन्दर्भात्मक पक्ष का भी ध्यान रखना पड़ता है। भाषावैज्ञानिक व्याकरण 'जेनेरेटिव ग्रामर' तथा रचनान्तरण व्याकरण (ट्रांस्फॉरमेशनल ग्रामर) से व्यंजनार्थ तक जाता है—बौद्धिक और तार्किक अर्थ के पार की भावात्मक-सांस्कृतिक अर्थ-व्यंजना या 'इमोटिव मीनिंग' (रिचर्ड्स) तक।

काव्यानुवादक के लिए अर्थ का आलंकारिक रूपान्तरण भी महत्त्वपूर्ण है, इसलिए अक्सर उसे अन्तर्वाक्य तक डुबकी लेनी होती है और अर्थलय के विभिन्न 'रजिस्टरों', भाषिक मार्मिकता के अलग-अलग स्तरों से तारतम्य बिठाना पड़ता है।

जॉर्ज चैपमैन (1959-1634) ने इलियड के सन्दर्भ में काव्यानुवाद के तीन सूत्र प्रस्तावित किये हैं :

- शब्द-प्रतिशब्द अनुवाद से बचा जाये।
- मूल की भावना तक पहुँचने का प्रयास किया जाये।
- विद्वत्ता या अतिशय आलंकारिकता अनुवाद का प्रवाह बाधित न करे।

सत्रहवीं शताब्दी के इंग्लैण्ड में जॉन ड्राइडन (1615-69) ने भी काव्यानुवाद में शब्दानुगामिता का विरोध किया और मूल पाठ का केन्द्रीय तत्त्व ग्रहण कर लक्ष्य भाषा में उसके पुनर्सृजन की बात कही।

उन्होंने अनुसरण (इमिटेशन) को भी काव्यानुवाद की एक पद्धति माना। अट्ठारहवीं शताब्दी में पोप (1688-1744) ने ग्रीक कवियों के इमिटेशन छपाए भी। डॉ. जॉनसन (1704-84) ने इस सन्दर्भ में एक महत्त्वपूर्ण टिप्पणी की कि जिस प्रकार लेखक अपने समकालीन पाठक के लिए लिखता है, अनुवादक अपने समकालीन पाठक के लिए अनुवाद करता है। उन्होंने काव्यानुवादक को ऐसा चित्रकार या अनुकर्ता कहा जो मूल के प्रति निष्ठावान होते हुए भी उद्दिष्ट दर्शक के हितों का ध्यान रखता है।

रिटलर (1791) ने भी काव्यानुवाद के तीन सूत्र प्रस्तावित किये :

- भावानुसरण
- शैली का अनुसरण
- मूल की प्रबोधता।

अनुवाद में मूल की भावना इस प्रकार संक्रान्त हो कि पाठकों में उतनी ही तीव्र अनुभूति जगे जो मूल के पढ़ने पर जगी थी। यही प्रभावसमता का सिद्धान्त है जिसका प्रभाव रोमैंटिकों पर भी रहा। विक्टोरियन काव्यानुवादकों के मन में एक ख़ास बात यह जगी कि विदेशी भाषाओं की प्राचीन रचनाओं के अनुवाद में विदेशीयता और प्राचीनता की हानि न हो। इनके ज़्यादातर काव्यानुवाद शब्दानुसार हुए। बीसवीं शताब्दी में काव्यानुवाद नाइडा ओर चॉमस्की-प्रभृत भाषा वैज्ञानियों के भाषिक सिद्धान्तों के आलोक में फले-फूले। नाइडा ने कहा कि प्रत्यक्ष प्रक्रिया द्वारा जो अन्तरण होता है, मूल की सतही संरचना के स्तर पर, जबकि परोक्ष प्रक्रिया के तहत वह पाठ की गहन संरचना में भी जाता है जहाँ पाठ का अपरिवर्तनीय मूलभाव स्थित होता है, उसे ही तलाश कर प्रोक्ति भाषा में उसे अन्तरित करना काव्यानुवाद का मूल धर्म है।

चॉमस्की भी मानते हैं कि भाषाओं के बीच का अन्तर तल-संरचनाओं का अन्तर है। तल-संरचनाएँ महज ऊपरी सतह की आकस्मिकताएँ हैं जबकि भाषा को गढ़ने का केन्द्र इसके बहुत नीचे गहन संरचनाओं में स्थित होता है जिन्हें चॉमस्की मानव-मन का एक नैसर्गिक अवयव मानते हैं। उनका निष्कर्ष है कि मनुष्य की भाषाओं का

एक सामान्य स्थापत्य होता है। इस सार्वभौम घटक की धारणा में ही अनुवाद की व्यावहारिक प्रविधि छिपी थी जिसे नाइडा ने विस्तार दिया।

नाइडा के अनुसार

1. स्रोत भाषा के संरचनात्मक रूप से अत्यन्त सामान्य अर्थ का बीज-पाठ तैयार हो।
2. फिर प्रोक्ति भाषा का अर्थ लक्ष्य भाषा के सामान्य सरंचनात्मक स्तर पर स्थानान्तरित हो।
3. लक्ष्य भाषा मूल के शैलीगत और अर्थगत समतुल्य की अभिव्यक्ति हो।

इस अनुवाद चिन्तन का आधार गत्यात्मक समतुल्यता है और गत्यात्मक समतुल्यता की धुरी अर्थ की वास्तविक पहचान। एक भाषा की गहन संरचना से दूसरी भाषा की गहन संरचना में स्थानान्तरण भाव की समानुभूति के सहारे सम्पन्न हो जाता है। इसे ही वे गत्यात्मक समतुल्यता कहते हैं। नाइडा ने ऊपरी समतुल्यता से श्रेयस्कर इसे माना है। कालिदास के काव्यनाटकों का अनुवाद करते हुए श्री अरविन्द ने भी इससे मिलती-जुलती बात कही थी :

"अनुवाद का अर्थ समतुल्य शब्दों का पुनरुत्पादन नहीं, उसका सम्बन्ध समतुल्य बिम्ब, समतुल्य अनुषंग एवं समतुल्य कवितात्मक सौन्दर्य की पुनर्रचना से है जिसमें मूल की ख़ुशबू बसी है।"

जर्मनी के वि-शैनशॉफ्ट स्कूल के प्रमुख विचारक वादे के अनुसार समतुल्य, वेकल्पिक समतुल्य, आसन्न समतुल्य और निष्प्रभावी समतुल्य के सहारे काव्यानुवाद हुआ करते हैं। लाइपजिंग स्कूल के फिलीयेक के अनुसार एक समतुल्यता संरचनात्मक भी होती है जो शब्द को अलग-अलग न देखकर एक इकाई के रूप में देखे जाने पर ज़ोर देती है।

परिचालन स्कूल के विचारक लेफेवेर मानते हैं कि पूर्ण अर्थ की प्राप्ति कठिन है, इसलिए अनूदित पाठ मूल का परिवर्तन नहीं, अपवर्तन है। हिन्दी में हरीश त्रिवेदी, पूरन टण्डन, अवधेश कुमार सिंह, सुरेश सलिल, राजेन्द्र पाण्डे, ज्योति चावला, हरीश नारंग, रणजीत साहा और

रमण ने अनुवाद सिद्धान्तों की यथेष्ट व्याख्या की है। अंग्रेज़ी कविता के हिन्दी अनुवाद की भी अत्यन्त समृद्ध परम्परा बनती है। नर्सरी राइमों से लेकर शेक्सपियर, शेली, एलियट, टेड ह्यूज आदि तक और उधर एमिली डिकिन्सन से सिल्विया प्लाथ तक की कविताओं के कई सप्राण अनुवाद हुए हैं। अन्य विदेशी कवियों के अनुवाद में भी अंग्रेज़ी ने अच्छे बिचौलिए की भूमिका निभाई है। रिल्के, लोर्का, पाब्लो नेरूदा और जिग्न्यू हर्बेटे के अनुवाद अत्यन्त लोकप्रिय भी हुए हैं।

कुल मिलाकर कहें तो काव्यानुवाद सिर्फ़ शब्दानुवाद नहीं है, दो पाठों के बीच एक अन्तरंग दोस्ती है। दोस्ती में क्या होता है? दोनों थोड़ा-थोड़ा ऐडजस्ट करते हैं—एक-दूसरे के स्वभाव के अनुसार :

आओ, हम समझौता कर लें
तुम जीतो मैं हार न पाऊँ,
तुम अपना पथ ज्योतित कर लो,
मैं पथ में अंगार न पाऊँ

चुप सहने की आदत मेरी
कहीं तुम्हें गुमराह न कर दे।
प्रभु का यह वरदान नहीं कम,
मेरे मौन पुकार सकें जो!

मेरे सौ-सौ गान बहुत कम,
कर तुमको साकार सकें जो।

श्यामनन्दन किशोर की इन पंक्तियों के आश्रय समझें तो आधार-भाषा और अनुवाद-भाषा के बीच एक सम्यक् रिश्ता कायम होता है, एक प्रजातान्त्रिक स्पेस जिसमें किसी तरह की अहमन्यता के लिए कोई स्थान नहीं होता। अख्मतोवा के महान अनुवादक स्टेनली ने एक बार एक अन्तर्वीक्षा में कहा : "Purism in literature (and in translation) may be as destructive as fanaticism in religion." (साहित्य या साहित्यानुवाद के लिए शुद्धतावाद उतना ही विध्वंसक हो सकता है जितना धर्म के लिए धार्मिक उन्माद)।

महान काव्यानुवादकों ने काव्यानुवाद की अलग-अलग प्रक्रियाएँ अपनाई हैं, सब पढ़-सुनकर आगे आने वाले युवा अनुवादकों के लिए एक राह बतायी जा सकती है कि आप सुगमता से आगे बढ़ें, आधार-भाषा जिसकी मातृभाषा हो, उससे दोस्ती करें और यह अनुरोध कि वह आधार-पाठ का शब्दानुवाद आपके लिए कर दे। उन प्रच्छन्न अर्थसंकेतों की आपको पूरी जानकारी हो जिनसे गुज़रते हुए रचना 'गढ़ी' गयी और फिर एक लम्बी यात्रा करके आप तक पहुँची। रचनाकार से ही नहीं, उसके रचयिता परिवेश, उसके माँ/बाप से भी आपकी अन्तरंगता अपेक्षित है। अच्छे स्त्रीवादी की तरह का व्यवहार अच्छे अनुवादक का होता है, कभी भी वह कुछ बलात् नहीं थोपता, पूरे धीरज और संयम से काम करता है, संवेदनशील होता है और श्रम की गरिमा समझता है। इतना कुछ होमवर्क हो जाये तो फिर काव्यानुवाद के पहले प्रारूप के लिए बैठना चाहिए। ख़ुद भी सारी आधार-सामग्री और आधार-रचना का सस्वर पाठ तीन-चार बार ऐसे करना चाहिए कि वह हृदयंगम हो जाये, हृदय-छन्द से एकाकार। उसके बाद आधार-पाठ की संरचना बरकरार रखते हुए एक-एक वाक्य का अनुवाद कर देना चाहिए। जिस शब्द पर मूल-रचना में पंक्ति ख़त्म होती है, अनुवाद में भी ख़त्म हो—बिल्कुल ज़रूरी नहीं है, ख़ासकर तब जब भाषा-परिवार बदल जाएँ—SVO (सब्जेक्ट-वर्ब-ऑब्जेक्ट) और SVO (सब्जेक्ट-ऑब्जेक्ट-वर्ब) वाली भाषाओं में उस तरह का तालमेल नहीं बैठ सकता जैसे हिन्दी-बांग्ला में। फिर भी एक पंक्ति में शब्द-संख्या उतनी ही रखी जाये तो बाहरी संरचना बरकरार रहती है। सम्भ्रान्त शब्द-समूह का अनुवाद सम्भ्रान्त शब्द-समूह से कर लें पर बातचीत की सहज-सरल लय में। कई बार तो आप शब्दों का ध्वनि-साम्य भी बरकरार रख सकते हैं—जैसे 'tumult' का अनुवाद 'तुमुल कोलाहल' हो सकता है। यह भी हो सकता है कि मूल भाषा-भाषी कविता का सारांश गद्य में आपको लिखकर दे दे! यदि वह आपकी भाषा लिखने की स्थिति में न हो तो स्वयं उसके साथ बैठें और वह जैसा भी टूटा-फूटा समझाए, उसे व्यवस्थित भाषा में लिख लें।

ये दोनों काम थिसॉरस या शब्दकोश भी आपके लिए कर सकता है किन्तु मानुष-गन्ध का, प्रत्यक्ष मानवीय स्पर्श का स्थानापन्न कोई भी वस्तु नहीं हो सकती : चाहे वह शब्दकोश-जैसी धड़कती हुई शै ही क्यों न हो। हाँ, शब्दकोश से उच्चारण या शब्दार्थ क्रॉसचेक किए जा सकते हैं, उनका सतर्क मिलान किया जा सकता है क्योंकि मानवोचित भूलों की सम्भावना से इनकार नहीं किया जा सकता।

अब जब सारा कच्चा माल (शब्दार्थ, व्यंग्यार्थ, सारांश और शब्द-सन्दर्भ) आपके अपने घर आ गया यानी कि आपकी अपनी भाषा में, आप वहाँ उसका स्वागत अपने ढंग से कर सकते हैं। यह मामला कुछ-कुछ नयी वधू के स्वागत वाला है। आपके भाषा-घर के संस्कारों के अनुसार यह रचना ढलेगी ज़रूर लेकिन वहाँ कोई जबर्दस्ती नहीं करनी चाहिए—कुछ ऐसा करना चाहिए कि उसके मूल संस्कारों का क्षरण न हो, उसके अपने व्यक्तित्व की आभा न मिटे, उसको व्यक्तित्व-विलोपन का दुख न झेलना पड़े जो आम स्त्रियों को नये घर में झेलना पड़ता है।

आधार-पाठ को अपने भाषा-घर की परम्पराओं में ढालने के पहले यह ज़रूरी है कि उसके इतिहास-भूगोल, उसके राजनीतिक-सांस्कृतिक हादसों या सुखद क्षणों का हमें अन्दाज़ हो। सबसे ज़्यादा गहरा द्वन्द्व वहाँ होता है जहाँ सांस्कृतिक पर्याय जुटाने की ज़रूरत होती है। महान रचनाएँ अपने नैतिक भूगोल, अपने स्थानीय रंग रुतबे से नाभिनालबद्ध होती हैं। बच्चे के जन्म के वक़्त तो नाभिनाल कट भी जाता है, लेकिन मिट्टी से गहरे जुड़ी महान रचनाएँ नाभिनाल कटते ही मुरझाने लगती हैं। उनका अर्थ, संगीत, नाद-सौन्दर्य और कभी-कभी उनकी बिम्बश्रृंखला भी स्थानीय परिवेश से इतनी गहरी जुड़ी रहती हैं कि किसी नयी भाषा में उनका अवतरण असम्भव हो जाता है। कुछ पौधे आप थल्ला मारकर नयी मिट्टी में रोप सकते हैं लेकिन सारे पौधे नहीं।

'ज्यों-की-त्यों धर दीनी चदरिया' की तकनीक कई बार काम नहीं करती और तब अनुवादक अच्छे मध्यस्थ की तरह सांस्कृतिक पर्याय जुटाने को मजबूर हो जाता है। चूँकि अनुवादक का मुख्य धर्म है दो संस्कृतियों के बीच एक सजग संवाद आयोजित करना, अभेद्य/दुरूह/

गझिन प्रसंगों (अपोरिया या भाषिक अवगुंठन) की विसंरचना उसकी ख़ातिर ज़रूरी हो जाती है, वह कई गहरी जड़ों वाले, 'रूटेड' बिम्बों का सहज भाष्य करने को विवश हो जाता है। ऐसा करते हुए उसे ध्यान सिर्फ़ एक बात का रखना चाहिए कि इससे पाठ का नैतिक या राजनीतिक आवेग और अर्थ-वैभव बाधित न हो। एक उदाहरण से बात स्पष्ट की जा सकती है जहाँ नयी भाषा के पाठक से पाठ की अन्तरंगता कायम करने की ख़ातिर थोड़े से सांस्कृतिक पर्याय जुटा दिये गये हैं। यहाँ काव्य-कौतुक के हित में थोड़े से भाष्य की भी छूट इस अनुवादक ने ली है लेकिन चूँकि यह अर्थ-विस्तार में सहायक है, यह छूट खटकती नहीं :

Will no longer repeat the spoken words
But in memory to that non-meeting
I will plant a sweetbrier
The miracle of that non-meeting shone and sang there
I did not mean to return anywhere from there, happiness
instead of duty
Was my bitter sweetness
I talked with him. who is not needed,
I talked for a long time
Let passion choke lovers
Demanding an answer,
But we, my darling, are only
On the edge of the earth.

अब नहीं दोहराने वाली मैं
अनदिये वक्तव्य
अधूरे मिलन की याद में
बो दूँगी बस मैं शकरगुलाब,
वह वहाँ चमक रहा था और गा भी रहा था

उस अघट मिलन का जादू।
और मुझे जाना कहाँ था अब यह जगह छोड़कर।
कर्त्तव्य नहीं, यह ख़ुशी
(थी सच्ची-मुच्ची)
(निखुरी-उखड़ी कच्ची खटमिट्ठी)
बतियाई मैं उससे देर तलक जिसकी किसी को ज़रूरत नहीं थी,
देर तलक बतियाई।
अवरुद्ध होने दो कण्ठ प्रेमियों के
जो चाहते हैं उत्तर
हम तो, भाई, जीव हैं हाशिए के।

निष्कर्ष : कविता का अनुवाद : एक अन्तरंग अनुभव

'देखने में छोटन लगे, घाव करे गम्भीर' वाली बात नावक के तीर पर लागू न भी हो, हिटलर, नेपोलियन, कविता और नाटे बैलों पर ज़रूर लागू होती है। इन्हें नाथना और अनुकूलित कर लेना हमेशा से मुश्किल रहा है। अपनी ज़मीन से भी वे ज़्यादा जुड़े होते हैं। वैसे भी जो कम बोले, उससे ज़्यादा डर लगता है।

कविता स्वभाव से ही कमसुखन है—तौल-तौलकर बोलने वाली—वह भी इशारों में, बिम्बों-प्रतीकों में। बिम्ब-प्रतीक अक्सर कीलित होते हैं—काल में, स्थान में। उन्हें थल्ला मारकर नयी ज़मीन में, नयी भाषा में बोना बहुधा आसान नहीं होता। अक्सर सांस्कृतिक पर्याप्त टटोलते होते हैं, कभी कोई शब्द से रीटेन भी करना पड़ता है—पाद-टिप्पणियों के आश्रय। सरकारी निमन्त्रण पत्रों पर लिखा रहता है—अहस्तान्तरणीय! कविता तो ऐसे सारगर्भित शब्दों का साम्राज्य ही है मानो।

'ज्यों-की-त्यों धर दीनी चदरिया' तो फिर भी गनीमत है, ज़्यादा छक्के सांस्कृतिक पर्याय ढूँढ़ने में छूटते हैं—ख़ासकर तब जब आधार-भाषा आपकी मातृभाषा न होकर पितृभाषा हो यानी बाद में सीखी हुई भाषा जिससे लीलामय छेड़-छाड़ करते हुए आपका दिल ज़रा धड़के।

सामान्य तौर पर तो यह बात ठीक है कि अपनी भाषा में, अपने मायके में कविता या कोई भी रचना चाहे जितनी भी लाडली रही हो, जब उसे दूसरे भाषा-घर में ब्याहा जाता है—वह थोड़ा सहम जाती है और नये परिवेश में समंजित कराने के तनाव भी अनुवादक के ही होते हैं। उसको यह देखना होता है कि ज़रूरत से ज़्यादा उसका डोमेस्टिकेशन या अनुकूलन न हो, जो नये शब्द-सन्दर्भ उसके गले नहीं उतर रहे, जबर्दस्ती उसे घुटाए न जाएँ...और न ही उसका अपना विदेशीपन या परायापन इस क़दर आड़े आये कि नयी अम्मा उससे बतियाते डरें। कभी-कभी उसकी बातें अनुवादक को अपने लोगों के लिए डीकोड भी करनी होती हैं, कभी कुछ गोल भी कर जाना होता है। और यह सब करते हुए उसकी स्थिति कभी तो प्रेमचन्द की 'गृहनीति' के नायक-सी होती है, कभी 'सारा आकाश' के नायक-सी तो कभी लोकगीत वाले आगरे के लाला-सी जो 'अमरीकी दुल्हन लाया रे!' कभी-कभी 'सदी के सबसे अच्छे आदमी' की तरह का घरजमाई भी बन जाना पड़ता है, ख़ासकर तब जब ऐतिहासिक और मनःसामाजिक कारणों से आपकी आधार-भाषा की राजनीतिक प्रभा क्षीणतर हो।

यह तो मानी हुई बात है कि दुनिया के ज़्यादातर कृत्यों की तरह अनुवाद भी एक राजनीतिक कर्म है। जब तक हमारा समाज पदानुक्रममुक्त नहीं होता, तब तक यह राजनीतिक वैताल विक्रमादित्य के काँधे विराजता रहेगा—तरह-तरह के सवाल पूछता हुआ। स्त्री-विमर्श के आश्रय यह बात कहने की कोशिश करूँगी कि स्त्री का चेहरा सिर्फ़ स्त्री का चेहरा नहीं है, वह एक रूपक भी है। दुनिया के हर वंचित का चेहरा स्त्री का चेहरा है। गरीबी का चेहरा तो स्त्री का चेहरा है ही, हर विस्थापित, दलित, अल्पसंख्यक, विकंलाग- बेरोज़गार और शान्तिप्रिय व्यक्ति का चेहरा एक स्त्री-चेहरा है जिसे कभी -न-कभी "Kiss Kiss, Kill Kill" की दुर्दान्त राजनीति सताती ही है। इस क्रम में देखा जाये तो हर उस अनुवादक का चेहरा भी स्त्री चेहरा है जिसकी आधार-भाषा उपनिवेशन का शिकार रही है और जिस पर सारी योग्यताओं के बावजूद सरकारी स्कूल से पढ़े हुए होने या पिछड़े इलाके से आने का असमंजन

अभी कायम है, जो आत्मविश्वास की उस सरहद तक नहीं पहुँचा जहाँ से हँसकर सारी बलाओं को कहते हैं–धत्त।

यहाँ फिर से रेखांकित करूँ कि जब विदेशी भाषा से अपनी भाषा में कुछ लाते हैं, अनुवादक की शेरशाही कायम रहती है और वह एक लीलाप्रवण उदार पुरुष या अकुण्ठ स्त्री के रूप में सामने आता है। पर जब अपनी भाषा से विदेशी भाषा में चीज़ें विदा करनी होती हैं तो उसकी चौकसी एक परेशान स्त्री के चौकन्नापन में अनूदित हो जाती है। उस समय उसको सबवर्शन (मज़ाकिया कलाबाजी या गदहपटका) की नीतियों के तहत भी कभी-कभी रिटेंशन (ज्यों-का-त्यों रख लेने) की तकनीकें आजमानी पड़ती हैं। कभी-कभी पाद-टिप्पणियाँ ज़रूरी हो जाती हैं, पर बहुत फुटनोटिंग से बचना चाहिए। यह भी एक तरह से चरणों में लोटने का या कठघरे में खड़े होकर अपनी सफ़ाई दिये जाने का मामला हुआ जिससे गुरेज करना ज़रूरी है। इससे ज़्यादा सरल और न्यायसंगत है कि कोई रूढ़ पद परम्परा से आया है तो उसका अर्थ- विस्तार वहीं पर, उसी पंक्ति में एक पैरेंथेसिस (या कोष्ठक) जुटाकर दें। इससे कविता का कुछ नहीं बिगड़ता, क्योंकि वह स्वभाव से संवादात्मक होती है, इन अध्याधारों से इसकी बातचीत वाली लय और अधिक गहरा जाती है।

अंग्रेज़ी साहबों की भाषा रही है, राजकाज की भाषा, इसलिए वह स्वभाव से ही अंडरस्टेटमेंट की भाषा है। हिन्दी की प्रकृति मस्त-मलंग पुरधायन की प्रकृति है–खुलकर बतियाने वाली, बतरस का लुत्फ़ उठाने वाली, इसलिए कई बार ऐसा होता है कि अंग्रेज़ी से हिन्दी में चीज़ें लाते हुए भाषिक रजिस्टर बदलने पड़ते हैं। इसे लेकर कोई अपराध-बोध नहीं होना चाहिए क्योंकि इससे कविता अपने लोगों के बीच अधिक सुग्राह्य हो जाती है। रजिस्टर बदलने का ख़तरा ख़ासकर उन स्थितियों में उठाया जाना चाहिए जब काल और स्थान–दोनों ही दृष्टियों से कविताएँ 'रिमोट' या पूर्ववर्ती हों यानी न उनका नैतिक भूगोल मिलता-जुलता हो न कहन-शैली मिलती-जुलती हो। अपने छात्रों के लिए मैंने चॉसर, जॉन डन, वर्डस्वर्थ, कोलरिज, ब्राउनिंग, हाप्किन्स, एलियट, येट्स, फिलिप लार्किन, टेड ह्यूज, सिल्विया प्लाथ और मार्च पियर्सी के अनुवाद किये हैं।

इन्हें पुराना स्वेटर उधेड़कर उसे नये डिजाइन में बुन लेने का उपक्रम भी समझा जा सकता है। इस अनुवादक के पास एक उपाय यह था चॉसर का अनुवाद करते समय उनके समकालीन, विद्यापति के भाषिक रजिस्टर सामने रखे जायें, मेटाफिजिकल कवियों का अनुवाद कबीर आदि की सधुक्कड़ी भाषा में, रोमैंटिक कवियों का अनुवाद छायावादी संस्कार की भाषा में कर लिया जाए। आधुनिक कवियों के अनौपचारिक भाषिक तेवर ज्यों-का-त्यों रखते हुए सिर्फ़ सांस्कृतिक पर्यायों से काम चला दिया जाए। मगर इससे पाठ से समकालीन पाठक की वह अन्तरंग गपशप हो नहीं पाती जो कि रचना चाहती है। आपकी नानी जैसा सोहन हलवा बनाती थीं, आपकी माँ वैसा लहरदार और चपाचप हलवा बनाएँ तो आप उल्टी करने लगेंगे। ऐसा नहीं कि माँ वैसा हलवा अपने भाषिक कड़ाह में उतार नहीं सकती, पर क्यों उतारे जब बच्चों का आस्वाद बाधित होता है : बानगी के तौर पर पुराने पकवान चखा दिये जाते हैं मगर रोज़ के खान-पान में माँ उनके परिवर्द्धित संस्करण ही बनाती है। वह उन्हें परोसती भी ऐसे ही है कि वे खा-पचा लें।

स्त्री कवियों का अनुवाद स्त्रियों को हरदम से ज़्यादा सुखद लगता है, शायद इसलिए कि आन्तरिक भाषिक संरचना का छन्द उनके भीतरी छन्द से मिलता-जुलता है। और उससे लाड़-भरी छेड़-छाड़ भी वे ज़्यादा कर पाती हैं। तकनीकी भाषा में इसे इंटरसिमिऑटिक अनुवाद कहेंगे। यहाँ ध्यान सिर्फ़ इतना रखा जाना चाहिए कि लाड़-भरी छेड़छाड़ बलात्कार न बन जाये, आत्मसातीकरण की कोशिश अनुवाद को उग्र तेवर न दे जाये। साहित्य और अनुवाद, दोनों हैं तो एक प्रजातान्त्रिक स्पेस ही, जबर्दस्ती यहाँ मानवीय गरिमा का हनन है। अन्तःपाठीय प्रयाण एक अलग चीज़ है लेकिन यदि पूरा- का-पूरा पाठ किसी और का है जिसे आप पसन्द करते हैं तो उसकी नाक में नकेल तो नहीं ही डालेंगे आप। जो भी होगा, गेम-थेयरी के अन्तर्गत होगा।

इस सन्दर्भ में अनुवादकों को फ्रांस की 'मेनीसाइज़' तकनीक से बहुत लाभ हुआ है। फ्रेंच में इस शब्द का अर्थ है बुनावट अनुवाद : यह अलग- अलग भाषिक और सांस्कृतिक धागों की गझिन बुनावट है,

कुछ इस तरह कि अलग-अलग धागे अपनी अस्मिता, अपना इतिहास और अपना नैतिक भूगोल कायम रखें और एक ऐसा पैटर्न-सा उभरे जो स्वेटर में उभरता है, जैसे उस महिला के स्वेटर में जो 'अ टेल ऑफ़ टू सिटीज' के सराय के दरवाज़े पर बैठकर क्रान्तिकारियों के लिए क्रान्ति का नक़्शा बुनती है और स्वेटर के पैटर्न में ही इशारे करती जाती है कि मुड़ना कहाँ है, कब क्या करना है। कभी-कभी कूट संकेतों की ज़रूरत होती है, जैसे 'द ब्रेस्ट गिवर' के रूप में 'स्तनदायिनी' का अनुवाद जो गायत्री ने किया, 'द वेट नर्स' के रूप में नहीं, उसके अपने तर्क थे। अस्मिता का विकेन्द्रीकरण यही है। वैसे तो कथ्य और शिल्प जुड़वाँ भाई-बहन हैं पर बात बनती तो है 'अन्दाज़े-बयां' से ही। पोएटिक्स कविता और भाषण में फ़र्क़ करता रहेगा। एथिक्स जब ऐस्थिटिक्स के संग घुमरी-परैया लगे खेलने तभी वो पोएटिक्स बनता है, बात असल में आकर रुकती है गेम-थेयरी के प्रजातान्त्रिक वैभव पर—

खेलत में को काको गुसैयाँ

जिसे अपिआह 'थिक ट्रांसलेशन' कहते हैं—पाद-टिप्पणियों से लहालोट, उससे ज़्यादातर अनुवादक घबराते हैं। वैसे भी कविता कहती है—तुमुल कोलाहल कलह में, मैं हृदय की बात रे मन। अनुवाद भी ये ही कहता है। मगर अनुवाद का अर्थ वजूद खोना नहीं है। सहज ढंग से भी अपने पक्ष पर कायम रहना सम्भव है, जैसा कि डिलैन टॉमस ने इशारा किया "Do not go gently with that good night". उदाहरणार्थ, शेक्सपियर के एक संवाद का अनुवाद सामने रख रही हूँ—

> बट मैन, प्राउड मैन
> ड्रेस्ड इन अ लिटल ब्रीफ अथारिटी
> मोस्ट इग्नोरेंट ऑफ़ वॉट ही इज़ मोस्ट ऐश्योर्ड
> हिज़ ग्लासी एसेंस, लाइक ऐन ऐग्री एप,
> प्लेज़ सच फैंटास्टिक बिफोर हाइ हेवेन, इट वीप्स।
> शेक्सपियर (मेजर फॉर मेजर)

× × ×

पर आदमी मद में चूर
झाड़े सत्ता का टुइयाँ लिबास
अनजान उसी बात से जिस पर आश्वस्त है सबसे ज़्यादा
काँच का उसका वजूद ग़ुस्सैल वानर-से करतब दिखलाता
कुछ इस तरह जन्नत के आगे, रो पड़ते हैं देवगण।

यहाँ 'ड्रेस्ड इन अ लिटल ब्रीफ अथारिटी' का अनुवाद 'झाड़े सत्ता का टुइयाँ लिबास', कुछ ठेठ तो ज़रूर है लेकिन इससे सत्ता की हेकड़ी फिस्स बोलती हुई जान पड़ती है—कम-से-कम अपनी देशज परम्परा में यों ही हम अपना विरोध दर्ज करते हैं। तो कभी-कभी बहुत 'शिष्ट' भाषा का प्रयोग भी युक्तिसंगत नहीं होता। हिन्दी के ज़्यादातर काव्यानुवाद इस बात पर विशेष सजग रहे हैं।

भारतीय कविता अनुवाद शृंखला

आप सबने बचपन में यह खेल जरूर खेला होगा जिसमें हाथ पकड़कर खड़े हो जाते हैं सब प्रतिभागी और एक विशाल गोल घेरा बना लेते हैं एक ऐसे व्यक्ति के चारों तरफ जो 'चोर' कहलाता है। लोककथाओं के चोर की तरह ही देहाती खेलों के चोर भी अनूठे जीव होते हैं—माखनचोर और चरणदास चोर की श्रेणी के ऐसे आकर्षक जीव जो दिल चुरा लेना भी जानते है और विकट घेरेबन्दियाँ फलाँगना भी।

यह पूरा खेल उत्तर-औपनिवेशिक अभियान की तरह पढ़ा जा सकता है। फिलहाल इसे भारतीय कविता अनुवाद शृंखला का प्रयोजन रेखांकित करने वाले एक रूपक की तरह पढ़ते हैं। यह समय की माँग है कि उपनिवेश रह चुके भूखण्डों की सारी भाषाएँ हाथ पकड़कर एक विराट गोल घेरा बनाएँ—अँगरेजी और उन तमाम वर्चस्वी भाषाओं के चारों तरफ, और अनुवाद आदि में उनका इस्तेमाल ऐसे करें जैसे कैदियों की ऊर्जा का इस्तेमाल (उनके ही उन्नयन के लिए) किया जाता है—उनसे कालीनें बुनवाकर, क्राफ्ट की और चीजें बनवाकर, ध्यान-व्यान सिखाकर, पत्थर तुड़वाकर।

अनुवाद उन्नयन का सहज-सुन्दर अभियान है : तंग घेरेबन्दियाँ तोड़कर निजता का घेरा बढ़ाने और उसे सर्वसमावेशी बनाने का एक सहज उपाय। यह खिड़कियाँ खोलने जैसा है : प्रतिवेशी भाषा से 'हलो' कहने जैसा। हर भाषा जीवन जगत की विडम्बनाओं की ओर खुलने वाली एक खिड़की है। जिसके पास जितनी खिड़कियाँ होंगी, जीवन की जटिलताएँ वह उतने ही कोणों से समझ सकता है। अन्तःकरण का आयतन बढ़ाने का यह उपाय भारत, ग्रीस, चीन, मेसोपोटेमिया आदि प्राचीन संस्कृतियों ने बहुभाषिक होकर ही आजमाया—वह भी अनुवाद के सहारे और इसी के सहारे सांस्कृतिक संकट की घड़ियाँ सांस्कृतिक संवाद की घड़ियाँ बन पायीं—जैसे भक्तिकाल में जब सिल्क सूट पर घोड़े दौड़ाते सूफी, कलन्दर और व्यापारी आये और 'बाजार' में सबकी खबर लेने और सबको खबर देने वाली जनभाषाएँ सबसे पहले उनकी ओर उन्मुख हुईं। वे भी जनभाषाओं की ओर ही उन्मुख हुए और अन्तःपाठीय गपशप का खूबसूरत सिलसिला बनकर सामने आये भक्ति और सूफी काव्य।

एक दूसरी तरह का बाजार आज हमारे सामने खड़ा है। चुनौती यह है कि Sweet are the uses of adversity का सूत्र विकसित करते हुए अनुवाद को सांस्कृतिक शक्ति-सन्तुलन का साधन हम कैसे बनायें। मेरे मत में काव्यानुवाद इसका एक बड़ा साधन है। कविता में यथार्थ को स्वप्न की तरह बाँचने की ताकत होती है और संकट के समय कविता का सस्वर पारायण हमारी नैतिक उर्जस्विता बढ़ाता है। शायद इसी कारण सिविल राइट्स मूवमेंट से लेकर अश्वेत आन्दोलन तक पेंग्विन इंडिया एंड हार्पर कॉलिन्स इंडिया ने लगातार सब संकटापन्न देशों की कविताओं के द्विभाषिक अनुवाद छापे और मैं तो समझती हूँ कि भारत जैसे नवस्वतन्त्र देश की अलग-अलग भाषाओं के सब महत्त्वपूर्ण कवियों में मॉडर्निज्म की चेतना जो धीरे-धीरे विकसित हुई, उसमें पेंग्विन से प्रकाशित इस अनुवाद शृंखला की बड़ी भूमिका है।

वाणी प्रकाशन की भारतीय कविता अनुवाद-शृंखला धीरे-धीरे विश्वकविता अनुवाद शृंखला होने की ओर बढ़ेगी, ऐसा मुझे लगता है। पहले तो हम घर में ही खुलकर बोलें—बतियायें, फिर पड़ोस से, उसके बाद पूरे संसार की कविताएँ भारतीय भाषा-घर में आलथी-पालथी मारकर बैठें—तुमुल कोलाहल-कलह में हृदय की बात कर लेने का विराट सिलसिला शुरू हो।

—अनामिका

नीलिम कुमार

नीलिम की दो प्यारी बेटियाँ हैं और इनके यथार्थबोध की भी एक प्यारी-सी मुँहलगी बेटी है—फैंटेसी। आप उनके यथार्थबोध तक जा ही नहीं सकते बिना उसको बहलाये-फुसलाये। रवीन्द्रनाथ की कविता में तो एक ऐसी मुँहलगी बेटी है जो परदेस जाते बाप का रास्ता रोककर खड़ी हो जाती है—'जेते आमी देबो न तोमार'। एक ऐसी बेटी फ़ैज़ की मुनीजा भी है जिससे हारकर वे कहते हैं—'एक यही है हमारी डिक्टेटर'।

इन कविताओं में यथार्थ से ऐसी प्यार-भरी छेड़छाड़ करती है फैंटेसी कि कुछ से कुछ हो जाता है। कविता में, प्रेम-कथा के मोड़ पर खड़ी गीनार कवि के कन्धों पर बिलखकर रोती है और वह पिता भाव में उसे पुचकारता है, लुकाछिपी खेलता है उससे और उसे उकसाता भी है।

'मेरे ही पाप की कमीज़ पहनकर अपने पापा को ढूँढ़ेगी,' अब यह खेल तो हिन्दी में सम्भव हो गया—पाप से पापा तक के बीच फुलझड़ी-सी छोड़ता, गोल नाक के आगे 'दुइयाँ' जैसा धृष्टप्राण शब्द मैंने अपनी तरफ़ से जोड़ा ताकि स्पष्ट हो सके कि अच्छे कवि की भाषा—युद्धभूमि और लीलाभूमि—दोनों हैं। युद्धभूमि इस अर्थ में कि बंकिम ढंग से ही सही, वह पंगा तो लेती है—पर्यावरण का प्रश्न हो या रवीन्द्र संगीत गाने वाले उपेक्षित गायकों और अन्य विस्थापितों का प्रश्न, उनके प्रति नीलिम की पक्षधरता स्पष्ट है, 'एक कविता मर रही है' और 'पेड़ की गाथा' में कविता और पेड़—दोनों जिस नाटकीय ढंग से धरना देकर मरते हैं, उसकी उमेठ अनुवाद में साध पाना उतना आसान नहीं

था, इसी तरह 'शादीशुदा कवि से', 'कल से मैं आपको प्यार करूँगा' और 'सूअर' कविता का सूक्ष्म व्यंग्य भी उसी बंकिमता में उतार पाना मुझे मुश्किल लगा। 'रिडक्शन सेल' में बाज़ार पर एक मार्मिक प्रहार है और जानबूझकर इसका शीर्षक अंग्रेजी में 'रिटेन' किया गया है कि जो सबको रिड्यूस करता है, उसे भी रिड्यूस किया जा सके।

वैसे तो उत्तर-औपनिवेशिक अनुवाद-शास्त्र अनुवादक को भी साथी कलाकार और अर्थ का सह-प्रस्तोता मानने का जनतान्त्रिक अभियान चलाता है पर नीलिम जैसे कवियों का अनुवाद करते हुए सहज इच्छा होती है कि अनुवादक भी लीलाभाव में लुकाछिपी खेलता रहे, सामने नहीं आये, सामने आने दे कविता को।

–अनामिका

मीनार का पिता

मैं एक मीनार का पिता बनूँगा
जो एक प्रेम-कथा के मोड़ पर खड़ी होगी
अपना माथा उठाये
उसकी नन्ही आँखों में दो तारे टिमकेंगे,
टुइयाँ-सी गोल नाक उसकी–
घास को लुभाती है!
मुलायम परों वाली चिड़ियाँ उसके केशों से खेलेंगी,
चाँद की रोशनी में
सो जायेगी मीनार!
धूप की चिमोड़ी और हवा की रपेटी
मीनार चिमड़ी हो जायेगी जाड़े में!
कुहरे में खो जायेगा उसका चेहरा–
आहत, मरणासन्न! मैं दूर से देखूँगा
पर एक दिन जब मीनार होगी उदास
मेरे ही पाप की कमीज़ पहनकर अपने पापा को ढूँढ़ेगी
मैं अपनी कविता के दानों से बाहर आ जाऊँगा,
मीनार मेरे कन्धों से लग रोयेगी
इस तरह एक पुरानी कहानी के मोड़ पर मिलेंगे हम
खोए वजूदों के साथ,
मीनार रूठ जायेगी और भीगती रहेगी।

उस बारिश, उस उदास बारिश में
जहाँ मैं विचारों में भीगा था!
ग्रीष्मदग्ध अपने विचारों में
मैं एक उदासीन पिता बनूँगा
मीनार का!

स्त्री

पानी-सी शीतल हो तुम
ऊँट की तरह
अपनी गरदन बढ़ाती हो
चाँदनी के सागर तक!
एक स्तन तुम्हारा ठण्डा है
हरीतिमा की बातें करती हो
पर तुम्हारा दिल है नीला
कुत्ते हैं प्यारे तुम्हें
और बिल्लियों से डरती हो,
फूलों से ईर्ष्यतुम्हें है!
पेड़ के नीचे तुम कभी सो नहीं सकतीं,
घुड़दौड़ देख नहीं सकतीं!
सूर्यास्त के वक़्त तुम बुझा देती हो सारे चिराग़,
रात को बड़ी होती हो
बाँसुरी की धुन पर
टेके हुए माथा
सो जाती हो!
तुम्हारे होठों के फाटक पर
जामुन का पेड़ खड़ा है
ख़ून पर धरती और आकाश हड्डियों में

पलकों के नीचे तुम्हारे सपने हैं
दिल में नहीं
तुम्हारी चुप्पी से होकर
लुढ़कती हैं चट्टानें आहों में
और नाव की अफरा-तफरी में
डूब जाती हैं!
मरघट में भी तुम गा सकती हो
अपने बालों में संचित कर सकती हो तुम
हवा के झोंके
तुम विदा दे सकती हो
अतीत की सारी दोपहरियों को और रातों को
ठण्डी पड़कर ही तुम होती हो ऊष्ण
और ऊष्ण होकर हो जाती हो शीतल
ऊष्ण-शरद
रहस्य के अनन्त गुंजलक तोड़ती
बढ़ती है एक हरी आकृति
लिपटी लता-सी
चितकबरी मूर्ति
चट्टानों की गन्ध भूखी
रक्त कोलतार का
अन्तिम कविता मैं तुम्हारे विषय में
लिख ही नहीं सकता!

स्त्री जिसे चाँदनी प्रिय है

यदि आज रात मैं घर नहीं लौटूँ
क्या तुम बहुत ज़्यादा चिन्ता करोगे!
ऐसा है तो यह होने दो!
मैं आज घर नहीं लौटूँगी!
एक अर्से से तुमको मेरे बारे में
कुछ सोचने की फुर्सत नहीं मिली!
यदि एक रात बिताओ तुम
मेरी चिन्ता करते तो फिर तथास्तु!
इतने बरस साथ-साथ रहे हम-तुम—
खाए-पिए-सोए भी साथ मगर लगता है
तुमने मुझे एक लम्बे समय से नहीं देखा
यदि अचानक तुम्हें पता चले
कि नहीं लौटी मैं घर—
क्या मुझे देख लेने की
बहुत तीक्ष्ण इच्छा जगेगी कहीं भीतर!
तो फिर हो ऐसा ही,
आज मैं घर नहीं लौटूँगी!

रास्ता भटक गयी चिड़िया
कभी-कभी नहीं लौट पाती है घोंसले तक,

मैं भी राह भूल जाऊँगी दफ़्तर से लौटते हुए
मैं किसी और जगह पहुँचूँगी!
बाबा के घर? नहीं, ऐसा नहीं सोचना!
दोस्तों के घर भी मैं कभी नहीं जाऊँगी—
चिन्ता न करो पुरातन सड़क के किसी घर में
जाऊँगी नहीं मैं कभी!
इधर-उधर भटकती हुई
मैं शाम काट लूँगी
और अँधेरा होने पर
धीरे-धीरे मैं चढ़ जाऊँगी उसी पहाड़ी पर
पिछली रात देखा था जिसे वहीं—चौके की खिड़की से!
खुली चाँदनी छिटकी थी बाहर
और तुम हमेशा की तरह सो रहे थे घोड़े बेचकर
देख रही थी सब कुछ मैं टकटकी बाँधकर,
बदल रही थी करवटें भी लगातार बिस्तर पर
क्योंकि गुड़िया सटी पड़ी थी छातियों से,
आज मैं उस चाँदनी में भीगूँगी!
आज भीगूँगी मैं चाँदनी में
भीगती हुई भीगम-भीग
गपियाऊँगी पेड़ों की छायाओं से
या शायद पूछूँ हवा से कुछ
या शायद ख़ुद से ही कुछ पूछूँ
हँसूँ और ख़ुद से ही बोलूँ-बतियाऊँ
बहुतेरी शब्दहीन
चाँदनी बिखरी होगी हर तरफ़
अपनी आँखें, अपना चेहरा, केश और कपड़े
नहलाऊँगी चाँदनी में
चुल्लू में चाँदनी पीऊँगी :

ऐसे छककर
कि रक्त से मेरे टपकेगी चाँदनी,
और टुघर आयेगी चाँदनी पसीने में,
चाँदनी हड्डियों से गुज़रेगी,
चाँदनी की छाती में मैं सर रगड़ूँगी,
जागूँगी मैं रात-भर
साथ चाँदनी के!

भूख
नहीं, मुझे भूख नहीं लगती
चाँदनी अँतड़ियाँ रुपहला करेगी
लेकिन तुम्हें भूखा रहना नहीं चाहिए,
वादा करो,
इससे तुम्हारी अँतड़ियों में ज्वाला जग जाती है!
सब-कुछ तो फ्रिज़ में पड़ा है,
सिर्फ़ गरम कर लो,
कुकर में चावल पका लो,
बोतल धोकर दूध दे दो गुड़िया को,
अपने होठों पर उसे रखो, देखो कि ठीक गरम है न!
याद रखना, चीनी ख़ूब डालना,
वरना दूध नहीं पीने वाली अपनी गुड़िया!
साथ के इतने दिन-रातों में
क्या एक रात नहीं इसके लिए
निकाल लोगे तुम?
कोई पाप करने नहीं जा रही,
कोई भूल नहीं!
मेरे लिए नहीं कर सकते इतना तुम?

यदि अघट नहीं घटे कोई,
आतंकवादी न मुझको उठा लें,
बलात्कार मेरा न हो जाये
या पुलिस ढूँढ़ने न आ जाये,
वापस अपने घर में पाओगे मुझको
कौए की कां-कां के पहले
और यदि मुझको कुछ हो ही गया—
ख़ुदा बचाये,
तब मुझको कभी नहीं पाओगे,
कूद जाऊँगी कुएँ में
या धुआँ बनकर लहराऊँगी नभ में,
बादल बन जाऊँगी
और भिगा दूँगी लोगों के घर,
पर्वत पेड़-खलिहान—
उतरूँगी भारी वर्षा में झकोरे-सी
और देखना, फ़सल ख़ूब-ख़ूब होगी!

अगर कपड़े धोने के लिए
छज्जे के नीचे बाल्टी लगा दोगे
तो ही लौटूँगी वापस मैं—
तब क्या पहचानोगे?
सचमुच?
क्या सचमुच?

चिड़िया

चिड़िया नहीं जानती कि वह क्यों चिड़िया है! मैं चाहता हूँ
उसके पंखों की परतों में छुपकर सो जाना!
उस छोटी चिड़िया से भी मैं नन्हा हूँ। मेरी आवाज़
उसकी आवाज़ से भी नीची है,
वह उस पत्थर के बारे में जानती है, क्यों मैं उस तक जाता हूँ।
वह वे जंगल भी जानती है जो मुझको नाम से पुकारते हैं
अनिद्रा के बिस्तर तक। वह देखती है जलकण जो मताए हैं
जलपरियों के कपड़ों की उस नमकीन महक से, वही जिसे
अपने वजूद पर धारे मैं रहता हूँ।
उस चिड़िया से मैं
आकार खींच सकता हूँ चुप्पी की।
जादू की आवाज़ मैं गुनगुना सकता हूँ!
मैं बता सकता हूँ उसको उन कुकुरमुत्तों से
छिटके प्रकाश के बारे में जो चमकीली
हड्डी के एक टुकड़े के पास खड़े हैं, उनका
ख़ालीपन शरणागत है ख़ाली बोतल का!
और मैं उसको सब विवरण दे सकता हूँ
अपनी तकलीफ़ों का!
वह चिड़िया जो कि नहीं जानती कि
वह क्यों चिड़िया है, सूँघती है मुझे

नासापुट में, गरदन पर, और देह के
रोमकूपों में, जिसकी आवाज़ नहीं मरती,
मेरी इन हड्डियों के खोखल में! मैं चाहता हूँ
छुप सो जाना उसके पंखों की परत में—
वह जो कि सर्र सरक जायेगी पंख फटकारती
भारी तूफ़ान के विरुद्ध!

शून्यता के साथ

दूर पर दमकती है पीठ पहाड़ों की!
और हर तरफ़ पेड़ों की हरीतिमाएँ!
एक पहाड़ी नदी!
नदी के दोनों किनारों पर घास के गुच्छे और बेंतें!
ऊपर आकाश! मौसम नाथे महीन बादलों के बावजूद
एक पुल नदी पर, काठमकाठ। पुल के नीचे
पानी पर बादल! परछाईं आकाश की।
परछाईं से होकर नदी बहा करती है! और
इस सामान्य चित्रवीथि को पुराने फ़ैशन का
बनाने की ख़ातिर
मैं पुल के घेरे पर बैठा हूँ!
पुलिया के नीचे सुथरे पानी पर मेरी भी परछाईं।
पुलिया के नीचे
मेरी परछाईं से होकर पानी बहता है नाचता हुआ।
रह-रहकर अपना माथा झुलाता
मैं अपनी परछाईं भी डुलाता रहता हूँ।
मेरी परछाईं पानी से खेलती रहती हैं
कि अचानक मुझको देती दिखाई
एक अन्य परछाईं
औरत की! वह वाली परछाईं

पकड़ती है मेरी परछाईं को।
पर पुलिया के घेरे पर मैं अकेला हूँ!
ख़ून से लिथड़ा हुआ उसे
लाता हूँ मैं अपनी कुटिया तक!

पुनश्च : क्या सोचते हो? वह होगी कौन भला!
और कौन? शून्यता!

दुख का शहर

आया हूँ
दुख के शहर।
मूक शब्द घर लाने
आया नहीं,
आया नहीं
मूर्तियाँ देखने
खस्ताहाल, एकदम अकेले हृदय की!
एक रूप ख़ालीपन दे दो
यदि पास है अब तक
उन दिनों की दुपहरिया वाली प्यास!
वही बच्चा
वह भी बेच रहा है मूक शब्द!
ओ शहर दुख के
दुख की राख उसके चेहरे पर भी
क्यों तुमने मली।
मैं देखने आया हूँ
न तुम्हें, न हृदय की मूर्तियाँ
एक कप ख़ालीपन दे दो
यदि है
आया हूँ मैं शहर तुम्हारे।

याद करता हूँ मैं अपना घर

जब घर में होता हूँ–
मैं तब भी
याद किया करता हूँ अपना घर!
जब घर मैं याद किया करता हूँ,
याद आती हैं सोयी उँगलियाँ
अपनी बच्ची की,
उसकी उँगलियाँ याद करते-करते
याद आ जाती है उसकी सोयी-सी नाक,
यह याद आते ही चिन्ता हो जाती है कि
नाक भी सोती होगी क्या!
पन्ने पलटते हुए मुझे आती है याद
नाक शब्दकोश की
और सिकुड़ जाती है यों ही मेरी नाक
तेज़ गति से वह सिकुड़ती है ऐसे
कि एक साथ याद करता हूँ
बेटी की अम्मा की सोयी उँगलियाँ,
किसी एक में होगी अँगूठी,
अँगूठी से आता है दृश्य याद शादी का,
शादी तो मेरी हुई थी ज़रूर
पवित्र अग्नि के धुएँ से जल रही थीं मेरी आँखें,

उसी समय याद मुझे आया चश्मे का जोड़ा
जो कि कुएँ में गिरा
मेज़ पर एक रेस्त्राँ के
मैं छोड़ गया था उसे,
भूल गया था उठाना।
पाया उसे फिर से
जब याद आया—
आदमी खोने लगता है जब भूलने लगे
इसीलिए मैं भूले से भी नहीं भूलता कभी अपना घर
घर में भी याद किया करता हूँ घर को
बरामदे पर बैठे-बैठे
जगा-जगा, जकड़े हुए
कुर्सी की बाँहें—
अपलक निहारता हुआ
पाँव फैलाये हुए,
ख़ुद को निहारता हुआ—
याद करता हुआ, याद ख़ुद को।

यह राधा है

यह राधा है
मरी हुई!
उसके ठण्डे नाख़ूनों पर
पोत रहा हूँ
नेल पॉलिश
टुहटुह लाल!

मैं पल-भर आकाश

एक आकाश हृदय में सबके
पर कोई सिर मोड़कर अन्दर ढूँढ़ता नहीं है उसे!
जिन्हें प्यार हो जाता है–
वे अचानक देख लेते हैं
आकाश अपने हृदय में ही
लेकिन यह आकाश
स्थायी नहीं होता!

कवि की मोटरकार

बादलों की एक छत
चार दीवारें ख़ला की
मिलकर बन जाती हैं
गैराज़
और वहाँ सोती है नन्ही-सी कार
पवित्र
सुस्थिर
कुपोषित
पहले से कम महामूढ़
जंग चाट जाती है उसका वह पेंदा
चार दरवाज़ों का आमन्त्रण
खा जाती है दीमक
लेकिन वह गाड़ी नहीं करती कुछ शिकायत
दाँत पर दाँत बिठा
लेटी रह जाती है
बादलों की छत के नीचे
महासुरक्षित ख़ला का
गैराज़!
गाड़ी का मालिक भी
कभी नहीं करता शिकायत

दरवाज़े पर टिका लेता है
बाँस का फट्टा
और बहुत ख़ुश होकर देखता है अपनी
विमूर्त मोटर!
ख़ालीपन काटता हुआ वह
अपनी गैराज़ से निकालता है
मोटरकार!
गाड़ी के मालिक का हाथ
पाकर स्टीयरिंग पर
थरथरा जाती है कार
थरथरा जाता है बाँस
और पीछे छोड़ती
धुएँ का गुबार
चल पड़ती है वह
सीधी सड़क पर,
दोनों तरफ़ जिसके घर,
पेड़ की क़तारें!
चींटी की ढूहें भी
कार की तरह ही
महामुदित!
इस गति से
रेस लगाती है यह कार
दुनिया के पिटे-पिटाए रस्तों पर
नापती हैं उसको टूटनें
हतभाग्यता
चक्कों पर घूमती है गाड़ी
जो सूरज का घोंटते हैं गला!
दीमकें बढ़ती हैं,

मिट्टी की रेखाएँ
आड़ी-तिरछी
गाड़ी की देह पर...
बढ़ती-बढ़ती एक रेखा
छू ही जाती है अचानक
कवि के
असावधान तलवों को
बैठा है वह चालक की सीट पर
सपनों के हाथ में दिये हाथ...
रेस लगाता है वह
दीमकों के बीच
गाड़ी चलाये चला जाता है
और एक चींटी का
ढूह
बन जाती है
गाड़ी
गाड़ी ने प्रार्थना की
कवि से
कि वह इन सपनों
से बचकर निकल ले
बादलों की छत के नीचे लगाये उसे,
सुरक्षित गैराज़ में उस ख़ला की
ख़ामोशी की ओर,
और अचल की तरफ़ : कवि के घर की तरफ़!

बरामदा

मेरा बरामदा सिर्फ़ पाँच फ़ीट का—
दुनिया का सबसे छोटा बरामदा,
मुँह उठाकर लेटोगे तो केवल छह इंच बचेंगे,
पर यह बरामदा तो है ही!
अच्छा लगता है यहाँ बैठना
बारिश के एक छपाके के साथ,
हालाँकि इसके लिए यह नहीं है!
दुनिया के अन्य बरामदों की तरह
मेरा यह बरामदा भी
अतीत में जीता है,
मुझे थका-हारा/बैठा हुआ देखकर
लाता है यह पानी
स्त्री की नाभि से!
अतीत की यात्रा में मैं यहाँ ही रुकता हूँ,
कोई भी इस बरामदे से
अतीत की यात्रा ही कर सकता है,
यात्रा बस अतीत की।
दो लोग मेरे इस बरामदे में
बैठ नहीं सकते, और यदि बैठें तो
उनके अतीत मिल-जुलकर एक नहीं होंगे

और उसके बाद कोई भी
अतीत तक नहीं जा पायेगा यहाँ से,
आकाश की ओर टकटकी लगाये
वह सोच पायेगा केवल
वर्त्तमान के बारे में!
इस तरह से केवल एक व्यक्ति का है बरामदा कम-से-कम यह वाला!
दूसरे बरामदों की तरह
फूल के गमले यहाँ भी हैं
और मेरे निदेशों के अनुसार
सिर्फ़ एक लता गले मिलती है
बरामदे के खम्भे से,
लता जो कि पूछती है रोज़-रोज़ मुझसे—
"बोलो-बोलो, अभी कितने दिन और
बेजान खम्भे के गले लगी पड़ी रहूँ?
आवाज़ यदि कहीं भीतर से उभरती नहीं,
अन्दर नहीं रोता कोई शिशु,
कुछ भी भीतर बोला जाता नहीं—
एक शब्द भी, एक भी शब्द,
यदि सोया रहता है घर—
भर भर जाता है यह बरामदा चित्रलिखित मेघों से
और तब
सिर्फ़ एक तितली नहीं
तितली ही जैसी कुछ
कहीं से निकलती है,
अचानक पाता हूँ मैं साइकिल
बरामदे पर टिकी है यह,
देता हूँ पैडल पर पैर,
और चढ़ता हूँ उछलकर—

बढ़ जाती है साइकिल
और पीछे उसके
तितलियाँ
तितलियाँ तितलियाँ तितलियाँ तितलियाँ
तितलियाँ तितलियाँ तितलियाँ तितलियाँ
तितलियाँ नहीं
तितलियों के हुजूम-जैसा कुछ
कुछ जो
जन्मा बरामदे में
बरामदे पर!
मेरा यह पाँच फुट का बरामदा,
दुनिया का सबसे छोटा बरामदा
बैठा हूँ जहाँ मैं उदास!

सपने

कभी-कभी अंगूर के गुच्छे की तरह
सपनों पर सपने अनन्त—एक-दूसरे में गुँथे!
कभी-कभी एक दूरी पर चुपचाप कुछ दूसरे सपने गोल नाचते,
कभी-कभी मधुछत्र के छिद्रों में सपने—
देखता हूँ सपने जैसे कि नींद हों वे!
कभी-कभी एक सपना फाड़कर भाग जाती है नींद
किसी और सपने तक—
उस तक पहुँचकर भरती है नींद चैन की साँस!
कभी-कभी मेरी यह नींद एक सुन्दर सपने के भीतर ही
रहना चाहती है,
दूसरा सपना बेचैन हो जाता है
रात का सिरा पकड़े
सीटियाँ बजाते हुए, रोते
ज़ोर-ज़ोर से चीखते हैं वे,
झिझकते हुए आती हैं मेरे सपने में हवा और धूप।
पहाड़, आग, आकाश, ग्रह और धरती, विरहमाती औरतें,
पत्थर, साँप, सितारे, मछलियाँ, जलपरियाँ और देवदूत
आते हैं मेरी नींद झकझोरने,
कभी-कभी सपने
कुएँ के तल में छुप जाते हैं

और मेरी नींद थक जाती है
उन्हें खींचते!
एक स्वप्न से दूसरे तक
जाता हुआ मैं नहीं जगता
कितने सपनों के भीतर सपने
—मेरी इस खोपड़ी के
अन्धकार में—
हूँ नींद की ख़ातिर मैं अनमना!

ऊसर विचार

कामना करता हूँ
बिस्तर पर
सितारों की शुष्क टिमक
और तुम्हारे
ऊसर विचार की!
नहीं चाहता
मैं तुम्हारा उदर
पन्ने की किरण से छुआ जाये
बदसूरती की हद तक
तुम्हारे गर्भ की खोह की अनर्गल हरीतिमा में!
मैं तुम्हें चाहता हूँ धरती से ज़्यादा
तुम्हारी देह कला को
यह पाप मुझे आगे खींच ले जाएँगे
और वे जाएँगे छूट पीछे—
वे जो कि गाते नहीं रात का गीत,
उगते सूरज वाले लकड़ी के कमरे में
एक ठप्प लकड़ी-मिल की
जंगली कठोरता
और उसके
काठ-बुरादों के बीच

कटे-छँटे पेड़ों की साँसों के पार
मैं दोपहर की तरह ही पसिनाऊँगा
आत्मोत्सर्ग में
जैसे कि तुम साथ
अपने ऊसर विचारों के!

मैं इस पीले की ख़ातिर दे दूँगा जान

मैं पीले की ख़ातिर दे दूँगा जान! हरा यह नहीं जानता!
इस पुआल की गन्ध और उसका वह बाँकपन काटते हैं मुझे!
उस भूख का भार जो जल नहीं रहा था
मर रहा है उसके कन्धे पर!
आकाश की छत से टूटते हुए तारे
जला रहे मेरी उँगलियाँ!
अपने सपनों की तहों पर पकड़ मेरी हो रही है ढीली।
जले मांस की तरह महक रहा है मेरा सीना।
एक मृतक के हाथ से छूटकर सड़क पर निकली
    जमी हुई शाम ढूँढ़ता था मैं!
और हरा जानता नहीं कि इस आकाश के नीचे
खेत से घर तक फैली एक परत पीली
जिसकी ख़ातिर मैं दे सकता हूँ जान!

क्षणिकाएँ

1. किराये का घर

मेरे एक कमरे में
वे बैठते और पढ़ते लिखते हैं
एक में करते हैं खाना-पीना
एक कमरे में वे गाते हैं गीत
दूसरे में सोते हैं

मेरे दिल के चारों कमरे ही
उन्होंने किराये पर ले रखे हैं

वे और कोई नहीं
दुख हैं

2. दुकान

जिस दुकान में मैं शराब पीने जाता हूँ
वहाँ एक औरत रहती है
औरत के चलते ही
लोगों की भीड़ जुटी रहती है शाम से रात तक
प्याला मुँह में लगाता हूँ

पर मैं नहीं पीता और लौट जाता हूँ वापस
उस औरत के चलते!
एक दिन उस औरत से पूछा
वह कौन है
उसने कहा कि
वह प्रेम नहीं है
मैंने अपने क़दम बढ़ा लिए दूसरी दुकान की तरफ़!

3. ग्राहक

मेरी जेब में तीस पैसे हैं
एक सिगरेट की कीमत
अगर एक रुपया होती
एक गिलास फटिका ही मिल जाती
मदहोश होने के लिए भी पैसा नहीं है
इतना कंगाल हूँ
सिर्फ़ दिल है
क्या इससे ख़रीद पाऊँगा
प्रेम
मदहोश होने तक

4. बरसात

उनका दिल
एक ऊँचा पहाड़ है
बादल बनकर मैं उसे
देखता हूँ छूकर
कभी उनकी पथरीली छाती से टकराकर
पहाड़, पेड़, पौधे, मैदान और घरों को भिगोकर

मैं उतर जाता हूँ,
लोग समझते हैं, मैं बरसात हूँ

5. सागर

इसीलिए सागर कभी सो नहीं पाता
चाँद हमेशा तारों के साथ
उसकी छाती पर नहाने आता है
हवा भी उसके साथ सोना चाहती है
मछली और सीपें भी!
नौकाएँ और जहाज़
लाल कर देते हैं उसकी छाती
लेकिन उसे प्रेम हो जाता है
सीप बटोरने वाली उस लड़की से
जो उसकी छाती पर नहीं उतरती
इसीलिए सागर कभी भी सो नहीं पाता।

6. फूल

फूल ने कहा
आज के लिए मुझे छोड़ दो
कल तोड़ लेना
अगले दिन जाकर देखा
एक भँवरा यहाँ मँडरा रहा है
फूल के करीब
भँवरे ने कहा
क्यों ले जाना चाहते हो मेरी प्रेमिका को
भगवान को चाहिए उसका ख़ून
मैंने कहा

हरी डाल से फूल
ख़ुद उतर आया
मेरे हथेली पर

7. गुलाब

अकेला पाकर गुलाब ने
काँटों से मुझे बींध दिया
तोड़ना चाहने पर
गिड़गिड़ाकर विनती करते हुए
गुलाब ने कहा
तुमको रोज़ रात एक बूँद
ख़ून की दूँगा, आना
तभी से रोज़
काँटों की खरोंच पड़ जाती है

8. घाट

नदी छोड़कर
तुम जिस राह से आयी हो
उस राह में भी एक नदी बहती है
घट में
घड़ा भरकर जो
ले रही है पानी
उनसे है तुम्हारी
पहचान पुरानी
तुम्हारे लिए ही
भर रही है पानी
प्यास लगने पर
शायद तुम वापस लौट आओ।

9. शुभ कामना

तुम्हारे हाथ की रेखाओं के साथ
एकाकार होगा
दूसरा एक हाथ
दोनों हाथों में भर जाएँगे फूल
इस हाथ के मुरझाये फूल
वो फेंक देगा
उसकी निराशा
इसकी हँसी में छुप जायेगा
इसके हाथ का खुरदरापन
उसकी हाथों की मिट्टी
मिटा देगी
दोनों हथेलियों के मैदान में
उग जाएगी हरी घास की हवा

10. कामाख्या पहाड़

कामाख्या पहाड़ में आज
कैसा उत्सव है
उतर आये हैं दो पक्षी
पक्षियों के पीछे-पीछे बरसात
छाती तक भरे पानी में
हवा बहाकर ले जा रही है फूल
लाल कमीज़ खोलकर
मैं भी आया हूँ देखने
पक्षियों के छाती की
बरसात

11. कृष्ण

वो बालक
आ रहा है
वो चरवाहा, बाँसुरी
होंठो से लगाये
कंस की क़ैद में
जन्म हुआ था उसका
मिट्‌टी खाने वाला
वो बालक
पेट में उसके है
विश्व चराचर
आ रहा है वो
चरवाहा
उसका सखा हूँ मैं

विदाई

होंठ से होंठ के
अलगाव के साथ
विदाई
जैसे
पेड़ों से हवाओं की
आसमान से पंछियों की
पानी से मछलियों की

मेरे हाथ से टूटकर
एक अलग हाथ
एक झोंका हवा का
दो भागों में बँटकर
दोनों के सीने में
समा जाता है

सीने में सीना डुबोए
विदाई
आँखे से आँख मिचौनी खेलते
शाम के सहज जमात के नीचे से
कौन गुज़र जाता है!

शादीशुदा कवि से

कवि सम्मेलन में
कविता नहीं रहती

कविता रहती है आपकी
बीमार पत्नी के बिस्तर पर
बहुत-सी कविताएँ घेरे रहती हैं
वह तकिए
जो उनके बूँद-बूँद आँसू
अवश्य सोख लेता होगा

कविता रहती है
ठोकर लगने के तुरन्त बाद
पैर की घायल उँगलियों की
सफ़ेदी में

आपके द्वारा ढूँढ़कर लायी गयी
नरगिस की मसली पँखुड़ियों में
उनके साथ ख़ून और पानी के
लेन-देन में
दिन प्रतिदिन के जोड़-घटाव में

आप जिस काव्यसन्ध्या में
उड़कर छा जाते हैं
वहाँ कविता नहीं रहती
कविता रहती है एक चम्मच दवाई में!

भ्रमण

शनिवार की शाम
यहाँ से होकर
एक अकेली रेल गुज़रेगी!
पूरे हेमन्त ऋतु के लिए
मैंने ख़रीद रखे हैं–
दो टिकट
अकेले में
तुमसे
मुझे इतनी जो बातें कहनी हैं
हमारी अनर्गल बातचीत और चुप्पी से
गरमाएगी शनिवार की रेल
और खिड़की पर हेमन्त
रविवार को हम रेल में
दिनभर घूमेंगे
जलते हुए सोमवार को
हम गुज़रेंगे
शहर के दिलों से
तुम शनिवार शाम को ही
निकलकर आ जाना,
शाम की रेल है।

खेल

खेलते हुए
उस पुतले ने मुझे जकड़ लिया,
कहा
तुम्हारे दो हाथ हैं, एक हाथ मुझे दो
दो पैर हैं, एक पैर मुझे दो
दो आँखें हैं, एक आँख मुझे दो,
दिया
और मैं बना
लूँला,
लँगड़ा,
काना!
प्रेम से मैं खेल रहा था
उछलते-उछलते चला गया
पुतला!
आकाश ने कहा
अगर खेलना नहीं जानते
तो क्यों खेलते हो?

कविता का टेलीफ़ोन

फ़ोन का रिसीवर लेकर
मैं यहाँ बात कर रहा हूँ
उस पार वह है।

मैं यहाँ नहीं हूँ
वह भी वहाँ नहीं हैं

जादू की छड़ी से
वह मुझे
कहीं ले गयी हैं

और मैं
एक के बाद एक
उसके सभी आवरण
खोल चुका हूँ

आवरण खोलकर
जो मिली,
वही कविता है।

जुगनू

ऐ उड़ने वाली पिद्दी-सी लालटेन,
रात की पोखरी के पार, मैदान के ऊपर
केले के पौधों के बीच से
तुम उड़ा करते थे
और अपने मुग्ध थपेड़ों के बीच
मैं अपने दोनों हाथों को
तुम्हारी रुपहली मौत से रंगीन करता था!
बचपन की कहानियाँ जैसे जाग उठती थीं
उस रात से आज की रात तक
मेरी चेतना के साथ
तुम जल-बुझ रहे हो
उड़ते फिर रहे हो मेरी
खिड़की के नैराश्य में
और आज
मुग्ध होकर
मैं तुम्हें थपेड़ा तक नहीं मार सकता
चूँकि मेरे वे दो छोटे मासूम हाथ
तुम्हारी रुपहली मौत से जो
थे सुन्दर, अब

इस अनिद्रित रात में सिकुड़े हुए हैं
एक अविकसित अँधेरे में
जल-बुझ रहे हो—अरे जुगनू,
उड़ती हुई पिद्दी लालटेन!

घर में फिसलन

घर में टाइल्स लगाने के बाद
कोई समस्या नहीं थी हमारे दाम्पत्य जीवन में
बस सहम-सहम कर क़दम रखते हैं अब हम
फिसलन-भरे घर में।

दृश्य

जूते व सैंडेल
प्रेम में व्यस्त हैं
मन्दिर की
सीढ़ियों पर।

सवाल

मैं आत्महत्या के लिए
गले में गमछा बाँधकर
पंखे से लटक गया
और काम हो जाने के बाद
यह देखो उतर आया
अब दो सवाल हैं
मैंने आत्महत्या की
या हत्या?

उत्तर : मृत्युवरण।
ओह हो! मृत्युवरण भी शुद्ध नहीं है
मृत्युवरण के बहुत क़रीब। जैसे
मरने के बाद भी
थोड़ा जीते रहना
इसी तरह बार-बार मुझे
जो फुसला रहा है
क्या वह जीवन है?
या जीवन के करीब सा-कुछ?

मैं घर में नहीं रहूँगा

मैं घर में नहीं रहूँगा
इसीलिए घर बनाया है,
घर से चले जाने के लिए
चाहिए एक घर

मैं पल भर में मर जाऊँगा
तभी तो मैं इतना ज़िन्दा हूँ
तुम्हारे केश के अँधेरे-अरण्य में
मैं नहीं रहता,
तभी तो तुम्हारे केशों की हवा में
पतंग उड़ाता हूँ।

मैं बारिश में भीगूँगा,
तभी तो मेरे पास छतरी नहीं है,
मैं धूप में पसीना बहाऊँगा
तभी तो मैं पेड़ की छाँव में नहीं बैठता!

मैं भूखा रहूँगा
तभी तो चावल पकाया है,
मैं प्यासा सूख जाऊँगा
तभी तो पानी उलीच रहा हूँ,
यह क्या! मैं पानी निकाल रहा हूँ
किस नाभिकुण्ड से!

हमारे आसमान में चार चाँद

हमारे आसमान में हैं चार चाँद
बस चार ही चाँद उनमें से तीन
दूध देने छोड़ रखे हैं
बस एक ही है
जो रुपहले झरने को
बहा रहा है

इस आसमान के नीचे
बहुत सारे कवियों ने
चाँद के लिए गीत रचे
बहुत सारे कवियों के हाथ से
धक्का खाकर मरे चाँद
कवियों ने स्त्री के बालों में
फैला दिये हज़ार-हज़ार चाँद
जो फिर घूमकर नहीं आये

अब बस चार ही चाँद हैं
हमारे आसमान में
कवियों के हाथों से
मैं इनको बचाना चाहता हूँ
बच्चों के लिए।

सपने

सुबह-सुबह
मैं लगता खेलने
सपनों से और,
माँ बहुत डाँटती

धता बताकर माँ को
चला गया मैं सपनों के साथ
बहुत दूर

खेल-खेल में मेरी कमीज़ फाड़कर
सपने चले गये

भरी दोपहरी में
कंगाल
मैं लौट आया
माँ के पास
भरपेट भात
के लिए।

रूबी गुप्ता

रूबी गुप्ता के अन्तःवस्त्र सूखे नहीं थे।
जिस दिन जलियाँवाला काण्ड घटा
धुले हुए कपड़े छत से उठाने गयी, देखा—
बाकी तो सब कपड़े सूख गये पर,
अन्तःवस्त्र नहीं सूखे!
डर गयी कि कुछ तो दुनिया में
बुरा अब घटेगा ज़रूर!
जिस दिन यह अन्तःवस्त्र नहीं सूखता,
होता है ऐसा!
कभी-कभी मैं सोचता हूँ
रूबी गुप्ता के बारे में
जो एक उपन्यास के बड़े घर में रहती थी,
कोई नहीं जानता था—नन्हे अन्तःवस्त्र का
कैसे है दुनिया की सारी त्रासदियों से रिश्ता।
वह दूसरों को बता भी नहीं सकती—
उसका अन्तःवस्त्र सूखा नहीं था
दुनिया की त्रासदियों के दिन—
भूकम्प हो या सुनामी, ज्वालामुखी फूटे या हो नरसंहार भीषण
बिना अन्तःवस्त्र के वह नहीं रह सकती,
बिन धोए भी,

बचपन में माँ ने सिखाया था—
रहना नहीं चाहिए अन्तःवस्त्र के बिना!
अब केवल वह संशय में रहती—
क्या सूखा उसका अन्तःवस्त्र?
झमाझम बारिश के दिनों में
इस्त्री करके अन्तःवस्त्र सुखाने की कोशिश करती है
दुनिया बचाने का
उसने प्रयास किया भरसक!

कविता के बारे में

पढ़ने के पहले ही कविता बिलाई!
जो तुमने अभी पढ़ा—खोने के संकेत हैं!
कभी यहाँ कविता थी—
यह सिद्ध करने को सदा छोड़ जाती है कविता
थोड़े से निशान!
उसका होना भाँपा जा सकता है
छूटी पोशाकों या जूतियों से!
पोशाकें या जूतियाँ?
क्या ये तुम्हारी हैं पहचान?
तब फिर कविता की उपेक्षा क्यों?
हजार वर्षों तक बन्दी उसे रखने की ख़ातिर
पहले तो कविता को मुक्त हम ज़रूर करें!
सपनों की खिड़की से कविता गुज़रती है—
अनदेखा करती दुख कवि का!
एक झमक में, गोधूलि वेला में
देखते हैं कविता को ग़ायब हम होते हुए
पढ़ने के पहले!
और यदि लगता है किसी-किसी को ऐसा
कि वह सचेतन पाठक है कविता का—
या सामवेद का रचयिता—

कविता खो देती है
भरोसा उस पर भी,
ग़ायब हो जाती है
पढ़ने या लिखने के पहले ही—
और प्रान्त में किसी आलोचक के सामने
(वैसे, उनका कोई प्रान्त नहीं होता)
हँसती-हँसती दोहरी हो जाती है कविता!

आईना

मेरी हजामत के लिए
रविवार आया था
किन्तु
सैलून था खाली।
नाई नहीं था,
था सिर्फ़ आईना
और आईना है
धरती की सबसे जघन्य चीज़
इतनी जघन्य कि
आईने को देख दया आती है,
दया करने से
क्षमा भी करनी होगी,
इसीलिए आईना बचा भी हुआ है
इसलिए एक आईना टूटने पर
हम दूसरा आईना ख़रीद लाते हैं,
आईना बाज़ार की चीज़ है!
आईना मुझको ख़रीद नहीं सकता
किन्तु बेच सकता है
और मैं ही ख़ुद को ख़रीदता हूँ आईने से!
एक दिन आईने ने मुझे बचाया था

और किसी के हाथ में
अपने को छोड़कर आते वक़्त
आईने ने ही मुझे वापस लाकर
अपने हाथों में किया था सुपर्द!
उस दिन से मैं खोया नहीं
आईना नहीं हो तो
हम गुम भी हो सकते हैं,
रह ही नहीं सकते हम तो अब उसके बिना।
दिन भर में कम-से-कम एक बार
हमें आईना चाहिए
वरना
हम हैं या नहीं, हमें पता नहीं चलता!
हम नहीं हों तो भी—
रहता है आईना
इसलिए आईने पर संशय होता है,
संशय नहीं करने से भी चलता है
क्योंकि—
आईना तो कुछ भी याद नहीं रखता!
आईना है निर्विकार
और ये जो स्मृति है
थाती मनुष्यों की—
ख़तरनाक
बस पीछे को खींचती है
यह जो नहीं होती—
बुद्ध की तरह एक दिन आधी रात
मैं निकल जाता!
यशोधरा और राहुल को छोड़कर!
यह स्मृति ही माया है

और माया है तो
छोड़कर न जाने से
मुक्ति कहाँ है
अगर नहीं भूले तो
मुक्ति कहाँ है

भूल ही गया था
मेरी हजामत के लिए
रविवार आया था
लेकिन—
सैलून था खाली
नाई नहीं था
था सिर्फ़
आईना
और आईना के बारे में
सोचे चले जाने की ख़ातिर
रविवार था
बहुत छोटा।

भला आदमी

भले आदमियों से मिलकर तकलीफ़ होती है
कि उनके दुःख होते हैं असीम। भले आदमी से मिलने पर
बाँहों में भर लेता हूँ और अन्दाज लगाता हूँ वह कितना डूबेगा, कितना!
ठिठककर देखता रहता हूँ उसके दो होंठ
जिन्हें मूक किया जायेगा निर्मम अविश्वास से
और दबोच लेता हूँ उसके हाथ जो भरे हुए हैं
सरलता से भीगी अनगिनत ग़लतियों के दाग़ से

भले आदमी से मिलकर तकलीफ़ होती है,
क्योंकि अनिद्रा उसका शिकार कर लेती है,
उसे दाँत का दर्द होता है ज़्यादा! भले आदमियों के
घर के बच्चे परेशान करते हैं ज़्यादा।
उनके पड़ोसी होते हैं, हिंसक।
ड्राइवर उन्हें ठगते हैं, नौकर उन्हें सताते हैं।
भले आदमी ख़रीदारी करना नहीं जानते,
ख़रीद लाते हैं सड़ा आलू!

ताक में रहता है उनके
अभाव नाम का राक्षस।
भले आदमी फौरन मर जाते हैं या
जीते रहते हैं तिल-तिलकर

भले आदमी से मिलकर अच्छा लगता है कि
वे ही हँस सकते हैं धरती की सबसे ख़ूबसूरत हँसी!

भूत

आधी रात को जब अचानक काँपने लगे आपका घर
और छत पर से सुनाई दें किचिर किचिर की आवाज़ें
खिड़कियाँ अचानक खुल जायें
और आपको दिखाई दे
उड़ता हुआ पर्दा
सुनाई दे
बाँसुरी की आवाज़
जैसे पलँग के नीचे से आ रही हो
चिल्लाइए मत भयभीत होकर,
याद कीजिए
वह वटवृक्ष
जो वर्षों से हवाओं के साथ
नाचता-झूमता खेलता था,
जिसे काटकर आपने बना लिया था
अपना मकान।
उसी वटवृक्ष के हिलने से
काँपता है आपका मकान,
उसकी हवाओं से खुल जाती हैं खिड़कियाँ
और उड़ते हैं पर्दे।
उसी वटवृक्ष पर दूर-दूर से आये हज़ारों

पक्षी चहचहाते थे, कलरव करते थे
कुछ ने अपना घोंसला बनाया था—
आपको सुनायी देने वाली किचिर-किचिर
उन पक्षियों की हैं
जिनकी आत्माएँ ढूँढ़ती हैं
अपनी चहचहाने की जगह,
अपने खोए हुए घोंसले।
एक चरवाहा
उसी वटवृक्ष के नीचे बैठा
बाँसुरी बजाता हुआ गायें चराता था।
आपको आधी रात को पलँग के नीचे से
सुनाई देने वाली बाँसुरी की आवाज़
यह बताती है कि लेटे-लेटे उसी जगह पर
वह बाँसुरी बजाया करता था।
जहाँ आपका शयनकक्ष है
आज भी वे लोग ढूँढ़ते हैं
अपना स्थान
क्योंकि यह धरती
उस वटवृक्ष की भी है,
पक्षियों की भी है,
हवाओं की भी है,
बाँसुरी बजाने वाले चरवाहे की भी है—

पेड़ काटकर
पक्षियों को खदेड़कर
आपने बना लिया है
कंक्रीट का मकान

उन्हें बेघर कर
आप बन गये हैं घरवाले

लेकिन, आप उन्हें नहीं खदेड़ पाएँगे।
वे यहीं रहते हैं
अपनी जगह
फ़र्क सिर्फ़ यही है कि
आप दिन में रहते हैं
वे लोग रात में रहते हैं
इसीलिए आधी रात को
जब आपका घर काँपने लगे—
छत पर से आयें किचिर-किचिर की आवाज़ें
पलँग के नीचे से सुनाई दे बाँसुरी की आवाज़,
खिड़की खोलकर हवाएँ
उड़ा रही हों पर्दा,
समझ जाइए कि वे आते हैं—
भूत जिन्हें कहते हैं आप।

मेहमान

बिना कुछ पूछे मेरे दिल का दरवाज़ा खोलकर वह
भीतर घुस आया

आते ही मेरे प्रेम की फूलदानी
तोड़ डाली

सुबह-सबेरे ही आया था
खिलाया
पिलाया
शाम हो गयी
जाने का नाम तक नहीं लिया मेहमान ने

रात हो गयी
गहरी नींद में पड़ गया मेहमान
मेरे ही बिस्तर पर

आधी रात को सीने से एक गठरी निकालकर उसने
मेरे हाथों में दी और अचानक जाने के लिए हो गया तैयार
रात की ट्रेन से जायेगा

खोलकर गठरी देखी
मेरे प्रेम की फूलदानी की तरह टूटा हुआ था उसका दिल

कहाँ से आया था मेहमान
रात की ट्रेन से कहाँ चला गया? कहाँ चला गया? कहाँ?

धूप

धूप का कोई घर नहीं होता।
वह यहाँ वहाँ पसरी रहती है
ज़मीन पर, पानी पर, बालू पर
पहाड़ पर, पेड़ पर, पुल पर, चिड़िया के घोंसले पर
आँगन में, बरामदे में, घर के छप्पर पर
रास्ते में, दीवार पर, कूड़े में, नाले में
जहाँ-तहाँ पड़ी रहती है धूप।

धूप ज़रा ज़िद्दी होती है
बिना पूछे लोगों के घरों में घुस जाती है
खिड़की से घुस जाती है
रोशनदान से
दीवार की फाँक से
छप्पर के छेद से।

सोने के कमरे में भी घुसती है धूप
रसोईघर में भी घुसती है धूप/और तो और गुसलखाने में भी
यदि छेद मिल जाये तो
देखेंगे कि धूप आ रही है।
और धूप को देखकर हम शरमाते नहीं

आदमी धूप का नाम रखते हैं
सुनहरी धूप, मीठी धूप, गुलाबी धूप
तेज़ धूप, कोई कहता है चिलचिलाती धूप
नाम रखना आदमी की पुरानी प्रथा, एक कुटेव है

एक कवि ने धूप का अपमान किया था
उसने प्रेमिका को लिखा था
"तुम्हें देखकर लगता है मानो
तुम घनी छाया
और जीवन एक कड़ी धूप है..."

धूप ने किसी का बुरा नहीं चाहा
फिर भी हम गाहे-बगाहे उसे ठेस पहुँचाते हैं
ठण्ड में धूप को पास बुलाते हैं
बाँहों में भरकर गोद में बैठाते हैं

और गर्मियों में दुकारते हैं उसे
छाता लेते हैं,
काला चश्मा पहनते हैं
बुरा-भला कहते हैं।

धूप क्या हमारी बाँदी है
जब मन हुआ प्यार करेंगे,
जब मन भर गया, फटकारेंगे?

धूप को लेकर बहस नहीं करूँगा
क्योंकि धूप का कोई घर नहीं होता

शायद धूप एक अबोध बच्ची है
उस दिन देखा
एक दसमंज़िला इमारत की छत पर
कुछ लोगों ने उसे पकड़ रखा था
और लगा दिया था उबालने को
आदमियों के नहाने का पानी
यदि हमारी सभ्यता की चलती
तो धूप को नौकरानी बना लेते
लेकिन धूप आज़ादख़याल है, निर्विकार
यायावर
धूप को लेकर बहस नहीं करूँगा,
धूप सकुशल रहे।

हो सकता है धूप एक गरिमामयी नारी हो
इस शहर का एक पुरुष धूप से प्यार करता है

वह धूप के लिए कुर्सियाँ बिछा रखता है
खिड़की से दाखिल हो धूप बैठ जाती है
उसकी बिछाई कुर्सियों पर
धूप जहाँ-जहाँ जाती है,
कुर्सियाँ भी वह वहाँ-वहाँ ले जाता है,
उसने अपने बेटे का नाम रखा है रौद्र
और बेटी का नाम रौदाली।

धूप केवल उस पुरुष के लिए नहीं आती पृथ्वी पर,
वह आती है हर किसी के लिए
वह बाँहें फैलाती है लोगों की ओर
मनुष्य की त्वचा से होकर

मनुष्य के मांस और हड्डियों से होती हुई
धूप पहुँचना चाहती है
मनुष्य के हृदय तक।

ऐ पहाड़,
तुम ज़रा झुक जाओ
धूप को आने दो,
धूप को आने दो।

उस स्त्री के लिए जो नींद में मर गयी

जो स्त्री नींद में मर गयी
उसकी लाश लेकर मैं घूमता-फिरता हूँ
समुद्र का श्वेत-नील निचोड़
मैं उस नींद को ढूँढ़ता हूँ
जिसका हाथ पकड़ कर वह चली गयी
जिसने डाल दिया उसके होंठों पर
एक विषाक्त सपना।

बीच से चीरकर गिराये गये पेड़ की डाल के नीचे
मुझे मिलती है परस्पर आलिंगनबद्ध दोतरफ़ा हवा
और अचानक मैं समझ जाता हूँ
उसका विषाद।

मुझे खाँसी हुई है

मुझे खाँसी हुई है। आप लोगों की तरह नहीं,
अलग तरह की एक खाँसी। कफ़ नहीं आता।
ख़ून नहीं आता। सीने में दर्द भी नहीं होता?
अत्यधिक सिगरेट पीने के कारण भी यह खाँसी नहीं हुई।
पृथ्वी पर इससे पहले कोई ऐसे खाँसा नहीं।
चिकित्सकों ने एकमात्र मेरे शरीर में
इस रोग की खोज की है।
वे मुझे यात्रा पर ले गये असंख्य परीक्षणों के लिए
देश-देशान्तरों के अनुसन्धान केन्द्रों में।
किन्तु कोई भी इस रोग के कारण खोज नहीं कर सका।
नयी मेडिसन की किताबों और मेडिकल पत्रिकाओं में
शीघ्र ही मेरा यह रोग सम्मिलित होगा।
शायद मेरे नाम से इस रोग का नामकरण भी होगा।
यद्यपि कारण अज्ञात रहे, इस रोग के प्रधान लक्षण ये कि...
जब भी मैं खाँसता हूँ, रोमांचित हो जाता हूँ।
चेहरा नीला पड़ जाता है और दोनों हाथ विकृत होने लगते हैं।

मुझे इस रोग की शुरुआत हुई थी
एक कविता लिखने के मुहूर्त्त से।

कविताएँ

कविताएँ सावधानी से पढ़ना।
ये तुम्हारे मुँह से लिपट जायेंगी मकड़ी के जाले जैसे अदृश्य धागों की तरह
धूमिल छायाएँ भर देंगी तुम्हारी आँखों में प्राचीन गुफ़ा की तरह।
तुम्हारे अतीत की ऋतुएँ तुम्हें लौटा देंगी शैवाली तल की मृत सन्ध्याएँ।
रोशनी की अँगुली की तरह ये तुम्हारे बालों की बात करेंगी।
तुम्हारे रोमों की, तुम्हारे शरीर की निजी गन्ध का रहस्य कहेंगी।
बारिश के नीचे से तुमको ले जायेंगी नग्न पानी के नज़दीक,
चट्टानों की सघन गूँज में।
ये बनायेंगी हरी लताओं का पुल
तुम्हारे प्रियजन के हृदय तक।
कविताएँ सावधानी से पढ़ना।
यह पाप की स्वीकारोक्ति। यह चिंगारी है मिट्टी के अँधेरे तल की,
मरघट की एकतरफ़ा हवा, एक प्राचीन तालाब का निस्तब्ध पानी,
एक रुमाल, एक पताका, ओस से भीगा एक फूल,
तुम्हारे हृदय में प्रस्फुटित एक चाँदनी, एक धागे में गुँथी असंख्य
        तारों की माला
यह एक बिस्तर विषाद का। यह तुम्हारी ठिठुरन में एक टुकड़ा भुना माँस
और गर्म आलिंगन।
यह तुम्हारे सपनों का शव ढोने वाली एक चिता।
यह अस्त्र नहीं, लड़ाकू विमान नहीं, यह हरी ट्रैफिक लाइट,

पक्षी का पंख, बादलों की शोभा यात्रा। यह एक रक्तद्वार
तुम्हारे घर के दरवाज़े के सदृश नहीं जो तुम सहज ही अन्दर आ पाओगे।
यह एक रहस्यमय मैदान,
यह तुम्हारे अनगिनत शयनागारों के लिए एक जामुनी नींद।

आप एक अरण्य की तरह हैं

आप एक अरण्य की तरह हैं
आपके भीतर पेड़-पौधे हैं
आकाश छूने वाली लताएँ हैं
आपके सीने में बहता है झरना।
शिला है आपके सीने में
झरना उस शिला के बीच से
गीत गाता है—धरती का सबसे कोमल गीत गाया जा सकता है।
सबसे लम्बा गीत गाया जा सकता है।
आपने कहा था कि आप हैं हरियाली
आपको देखने के लिए ही सूरज निकलता है
चाँद निकलते हैं
आप सूरज की तरह ही प्राचीन हैं
चाँद की तरह ही प्राचीन हैं
आप रंग नहीं हैं
आप पहले हैं हरियाली।
आपको पसन्द हैं बादल
बादल में पाँव रखना चाहते हैं
इसीलिए बारिश आपको भिगोती है
कभी-कभी लगातार-लगातार! मेघमल्हार मेघमल्हार!
और कभी-कभी बहुत दिनों तक भूल जाती हैं। तब

झरे हुए पत्तों से आप सरसराहट की कालीन बिछाते हैं
और सितार बजाता है पंछियों का कलरव।
आप किसी के नहीं
आप अपनी ही हरियाली हैं।
आप एक अरण्य की तरह हैं
मैं उस अरण्य में
गुम हो जाना चाहता हूँ।

जिसकी माँग में मैं रंग भरूँगा

जो मुझे अतीत की रातें याद आने नहीं देगी, जो
मुझे मार्मिक 'शुभरात्रि' और 'सुप्रभात' से भर देगी
जो अपने आँसू के रंग से
छोटे-छोटे सपने रचने की बातें कहेगी,
मेरे साथ खाने की मेज़ पर एक साथ बैठने के लिए, सँवार देने के लिए
मेरे बिखरे हुए बाल, मेरे तकिए में एक फूल
काढ़ देने के लिए, बिस्तर पर एक ठण्डी चादर बिछा देने के लिए और
मेरे नशे के अँधेरे पोंछ देने के लिए जो आयेगी,
जो मुझे देगी अपनी दृष्टि और स्पर्श का आनन्द,
जो लता की तरह लपेट लेगी मेरी बाँहें किसी रात,
मेरे सीने पर उलझी पड़ी रहेगी जिसकी जुल्फों की नींद,
जो मेरी लाल कमीज़ों को छिपाकर रखेगी, प्रिय ख़तों को
जला डालेगी, पुरानी कविताओं को सँजोकर रखेगी
जो उसकी समझ से बाहर होने की वजह से ख़तरनाक नहीं हैं,
और जो दिनों-दिन मेरे लिए अपरिचित बनती जायेगी,
सीने के बीच से दूर, बहुत दूर चली जायेगी।
मेरा विषाद और ज़्यादा भारी करने के लिए वह
आना चाहती है क्या, जिसकी माँग में मैं रंग भरूँगा!

कल से मैं आपको प्यार करूँगा

कल से मैं आपको प्यार करूँगा
आज मैं बुरी तरह व्यस्त हूँ
आज मैंने एक झलक देखी थी आपके बालों की
कल मापूँगा उतने लम्बे हैं या नहीं
जितने लगते हैं प्रेम में
कल नगर के सबसे जीर्ण रिक्शे में बैठकर
हमलोग घूमेंगे-फिरेंगे
आप तो जानते ही हैं जीर्णता प्रेम का अलंकार!
कल आप परफ़्यूम मत लगाइएगा
कल अच्छी लगेगी धूप और पसीने की गन्ध
तभी तो कोल्ड ड्रिंक्स
हमारे होठों की शोभा बनेगी
या फिर आपको पसन्द है आइसक्रीम
छोड़िए, कल पूछूँगा।
क्या कल आपसे मिलेंगे
आज जहाँ देखा था आपको
देखा था आपको जितना
क्या रहेगा उतना कल भी?
कल आप खो मत जाइएगा
क्योंकि आपको खोजने के लिए

आपका कोई परिचय नहीं है मेरे पास
कल आपसे परिचित होऊँगा
कल आपको मैं तुम कहूँगा
और क्या आप भी करेंगे ऐसा ही?
कल से मैं आपको प्यार करूँगा,
आज मैं बुरी तरह व्यस्त हूँ!

चोर

1.

पान की बाड़ी में बाबा ने उसको पकड़ा था
हम शोर मचा रहे थे
पतले चाबुक की फटकार के साथ स्वाँग-सा रचते हुए और आँखें
    पोंछता हुआ
सिसक उठा था वह।

पिता का सीना गर्व से फूल गया था—
हम भी ताकतवर बन गये थे उस दिन, उसके हाथ-पैर बाँध डाले थे
शनिवारी हाट पर। यही उसकी निर्धारित सजा थी—
दोपहर में कौंधता है वह पान के गुच्छों पर।

2.

वह है प्राचीन चोर।
उसकी खुरदुरी चमड़ी के पर्त पर धुँधला है चाबुक का दाग़
पान के पत्तों पर चिड़ियों से ज़्यादा फुर्ती से वह फुदकता फिरता है।
पानी की गगरी, लोटा-कटोरी, कुल्हाड़ी और कभी किसी की धुली
    हुई धोती

उसकी आँखों का निशाना बनती है
और कैसा मोहक मंजर होता है जब बाड़ियों के बीच गाँववासी उसे
 खदेड़ते हैं
उछलते-कूदते पार करता है खेत के बाद खेत
नाले के बाद नाले...
कैसे उतावली होकर उड़नछू हो जाती है उसकी धोती हरियाली को चीरती,
कैसे चमकती हुई ग़ायब हो जाती हैं उसकी पसीने से नहाई हुई मांसपेशियाँ,
रहस्यमय आनन्द का संचार होता है हमारे तन-मन में
इसी तरह अपना बन जाता है वह हमारा। समूचे गाँव का,
सभी गृहस्थों का, पेड़-लता-वन राह देखते हैं बेकरारी के साथ,
अँधेरे में बाट जोहते हैं उसके आने का।

3.

और वह क्षितिज के पार मुस्कुराता है
सूखा हुआ, पिचका-सा उसका भावहीन चेहरा
मेरे छोटे से हरे जगत में बस वही
बन जाता है सबसे ज़्यादा रहस्यमय प्राणी जंगली जीवन के चलते!
उसने चूमा था क्या मुझे अपनी आदिम मुद्रा में
क्योंकि चुराकर दादा के सिरहाने से
मैंने उसे बीड़ी ला दी थी...

4.

अतीत की उजड़ी हुई बाड़ी अब बन चुकी है कंक्रीट।
पत्थर-ईंट के पेड़-पौधे शीशे के पत्तों से साँस लेते हैं।
इस आईने के जंगल में खो गया कहाँ, खो गया कहाँ
मेरा वह रहस्यमय प्राचीन प्राणी।

मैं चाहता हूँ, वह चुरा ले मेरे खाने की मेज़ से लोहे का सेब,
काँसे के अंगूर, गदराया चाकू और फ्रीज़ से
सफ़ेद सर्द हँसी
वह सिर्फ़ मेरे सपने का फाटक खोलता है हौले-हौले।

गाड़ी की माँ

एक गाड़ी सेंक रही है
लोहा-कल-कब्जा-धातु-पेट्रोल और मोबिल का एक स्तूप।
टायर के चार पैर और लोहे के टखने से
हौले से उसने दबोच लिया है वह लौहमय स्तूप
उसके दोनों विवर्ण हेडलाइटों में कौंध उठी है एक अर्वाचीन रोशनी!

उसके जातक सेने से धीरे-धीरे गर्म हो उठा है
वह स्तूप, सचेत हो गयीं स्प्रिंग और कल-कब्जा शीशा-धातु की कठिनता,
काँप रही है नन्ही गाड़ी की देह हल्के-हल्के

चारों पैर और टखने फैला दिये गाड़ी की माँ ने
और उसके पेट के नीचे चिल्ला उठी सन्तान गाड़ी
काले धुएँ की साँस छोड़ी, दोनों आँखों की बत्तियाँ जलाईं-बुझाईं
और कराहते-कराहते आगे बढ़ी दो क़दम, अभी-अभी जन्मी गाड़ी
कस्तूरीमृग की तरह अपनी देह के पेट्रोल की गन्ध का एक चक्कर लगाया

उसके बाद माँ के पीछे-पीछे राजमार्ग से
हौले-हौले आगे बढ़ी नवजात अबोध गाड़ी
जिसे एक दुर्भावना के चौराहे पर छोड़कर
माँ स्वयं चली जायेगी सुरक्षित गैरेज की छाया में।

एक कविता मर रही है

एक कविता मर रही है
किस तरह छटपटा रही है कविता! प्रथम दो पंक्तियाँ झुक गयी हैं।
बीच का स्तवक दर्द से बेहाल है। शब्दों के जिस्म से
बह रहा है लहू। कुछ शब्द सूख गये हैं रेत की तरह,
काग़ज़ फड़फड़ा रहे हैं मानो चिंदी-चिंदी हो जायेंगे।
धुआँ निकल रहा है, आग लगी है उन शब्दों के जिस्म में।
और कुछ शब्द नींद में गुम हैं, जैसे मर चुके हैं
उन्हें कुछ भी ख़बर नहीं है। कुछ शब्द भागना
चाहते हैं, काग़ज़ पार नहीं कर पा रहे।
कुछ खुद ही अपने जिस्म में चाकू घोंपकर लहू बहने से अचेत हो गये हैं।
कविता की आख़िरी पंक्ति भीग रही है लहू की बारिश में,

किसने लिखी है यह अभिशप्त कविता!

खाली घर

आदमी जब ताला मार कर
घर से निकल जाता है,
तब खाली घर रोता है

घर के लोगों को लेकर ही
गृहस्थी चलती है घर के अन्दर

लेकिन आदमी का संसार
घर के बाहर ही ज़्यादा है

घर अपने छोटे-से दिल से
छोटी भुजाओं से चाहता है
उसके अन्दर हमेशा चलती रहें लोगों की बातें
हँसी और रुदन, पदचाप, प्यार का गुंजन,
नीरवता, मैथुन, संगीत

इन्हीं के लिए तो आदमी
बनाता है घर
इन्हें ढँके रखने के लिए ही तो
घर बनाता है आदमी!

खाली घर अपने छोटे दिमाग़ से सोचता है
उसके सोचने से
मेरे अन्यमनस्क आकाश में
बारिश नहीं होती

इसीलिए एक दिन
ताला लगा कर मैं,
जैसे ही निकलने लगा
खाली घर भी मेरे साथ हो लिया

बोला,
"मुझे भी ले चलो,
तुम्हें छोड़कर मैं
रह नहीं सकता!"

आपने देखा
मेरे पीछे-पीछे अब
एक खाली घर आ रहा है

आपने देखा,
एक खाली घर
मेरे भीतर
कैसे घुस आया है।

नींद

बीच राह में मैं गहरी नींद में सो गया। और देखा कि
मुझे घेर कर लोगों की भीड़ खड़ी है राह में। उनकी चीख-पुकार
और फुसफुसाहट से मेरी नींद और भी गहरी हो गयी।

गरजता हुआ एक ट्रक आया, हॉर्न बजाया और
छिटक गयी भीड़। पड़ा रहा सिर्फ़
नींद में डूबा मैं बीच राह में।

ट्रक के पीछे-पीछे बसों की क़तार, तिपहिया, दुपहिया की क़तारें...
और जब सभी मेरे ऊपर से गुज़र गये,
जब मैं कुचला गया तब मैं गहरी नींद में था।

जब एक कुत्ता मुझे घसीट रहा था, अपने दाँत
मेरी देह पर गड़ा रहा था, मैंने सोचा कुत्ते को भी
अब नींद आ जायेगी।

अनगिनत सूर्योदय और सूर्यास्त की परतें हैं मेरी नींद में...
अपनी गहरी नींद देखकर मैंने सोचा
मगर मैं सोच नहीं पाया नींद में...

लहर

पानी में लहर उठ रही है
रुपहली सुनहरी लहरें

लहरें बनती हैं मछलियाँ

पानी में उल्टी बहकर आती हैं लहरें
लोग जाल से बटोरते हैं लहरें

टोकरी में भर गयी हैं लहरें
कटारी में लगा है लहर का ख़ून

नमक-हल्दी के रंग से
चमक उठी हैं लहरें

औरतें लहरों से ही पका रही हैं दोपहर

बाटी में भर गयी हैं
लहरें
लोगों के पेट में समा गयी हैं
लहरें

एक असम्भव कविता की तरह
सुनहरी-रुपहली लहरें

पेड़ की गाथा

1.

नगर निगम के दफ़्तर में एक पेड़ समा गया।
आते ही मेयर की मेज़ पर सिर पटक-पटककर
रोने लगा। सूखे पत्तों से भर गया मेयर का कमरा
पेड़ के आँसू की बूँद से मेयर की काँच की मेज़
झिलमिलाने लगी। उसके बाद आँसू पोंछता-पोंछता
पेड़ चला गया एक सँकरी गली से...

पूरे शहर में फैल गयी रहस्यमय पेड़ की कहानी
शाम के निःश्वास के साथ उड़ गयी पेड़ की गन्ध,
लोगों के कानों में सरसराई पेड़ के पत्तों की कँपकँपाहट
कौतूहल के मारे लोगों की नींद उड़ गयी,
सपने में भी लोग पेड़ को देखने लगे।

2.

सपने में एक आदमी ने देखा कि
नगर के सबसे पुराने मृत कुएँ में उतरकर
हाथ-पैर धोया पेड़ ने
और न सो पानेवाले पत्थरों के करीब पहुँचा,
पहाड़ छोड़कर जो चले आये थे।

और एक ने देखा
जड़ से मिट्टी छुड़ा-छुड़ाकर पेड़
ऊपर की तरफ़ उड़ा
और सो गया
हवा के एक झोंके के साथ

एक औरत ने फिर देखा
पेड़ को जंगल में।
अजनबी पेड़ को देख
दूसरे पेड़ फुसफुसाने लगे,
पंछी और मधुमक्खियाँ भी
सूखे पत्तों के साथ कीड़े-मकोड़े भी,
पूरा जंगल फुसफुसाहट के स्वर में डूब गया
और शर्म के मारे पेड़ ने छिपा लिया अपना चेहरा!
ये सपने भी लोगों की ज़ुबान पर चढ़कर हृदय में उतर गये
और एक संक्रमण की तरह नगर के अवचेतन में
आवाजाही करता रहा पेड़!

3.

एक दिन मेयर ने घोषणा की :
वह पेड़ पेड़ नहीं है।
इसके बावजूद पेड़ आया
अवचेतन से चेतन में,
सपने से हक़ीक़त में फिर एक दिन सशरीर
समा गया नगर निगम के उस दफ़्तर में
और मेयर की मेज़ पर बाल फैला दिये,

बालों के बीच से जलप्रपात की तरह बहने लगी लहरें
लहरें मेयर की काँच की मेज़ पर नाच उठीं
पूरा शहर उस दिन उमड़ आया नगर निगम के दफ़्तर में
और नगर की आँखों के सामने ही पेड़
(ओह! कैसा मार्मिक दृश्य) देह त्याग कर दिया!

नमक

दुःख की तरह
नमक भी सफ़ेद है
झक-झक सफ़ेद

नमक और कुछ नहीं
दुख ही है।

पृथ्वी का तीन भाग पानी
दुनिया के आँसू ही।
इसी से बनता है नमक

नमक खाते हैं इसलिए
हमारा ख़ून नमकीन है,
आँसू नमकीन है,
पसीना नमकीन है,
यहाँ तक कि हृदय भी।

हृदय तो है ही दुःखों का भण्डार,
नमक का भण्डार
इसीलिए दिल के रोगियों को
मना होता है नमक।

नमक खाकर ही हम
दुःख भोगते हैं
इसीलिए हमारे जीवन का
तीन भाग दुःख है।

फिर भी नमक सबका प्रिय है
नमक के बिना हमारे पेट में अन्न नहीं जाता।
नमक बिना स्वाद होता है मिथ्या
हमारी जीभ को सबसे ज़्यादा पसन्द है नमक

कारण-अकारण हम नमक खाते हैं
कारण-अकारण हम दुःख भोगते हैं
सुख में भी हमारे आँसू नमकीन होते हैं
दुःख में भी हमारे आँसू नमकीन होते हैं।

बच्चे नमक नहीं खाते
उन्हें दूध में ख़ुशियाँ यानी चीनी मिलाकर देनी पड़ती है

इसके बाद धीरे-धीरे एक दिन
उन्हें भी अच्छा लगने लगता है नमक
तब माँएँ पड़ोसियों के आगे घोषणा करती हैं,
उनके बच्चों को दूध अच्छा नहीं लगता
पसन्द है केवल नमकीन।

इस तरह बच्चे भी धीरे-धीरे
नमक के शिकार होते हैं,
दुःख के शिकार होते हैं।

पेड़-पौधों को भी नमक पसन्द है
नमक पाकर वे बढ़ते हैं
जंगल के जानवर क्या नमक पसन्द करते हैं
करते होंगे,
लेकिन उन्हें मिलता कहाँ होगा
कैसे खाते होंगे, पता नहीं!
पालतू मवेशी
नमक पसन्द करते हैं
गृहस्थ उन्हें नमक खिलाकर
अपने दुःख का सहभागी बनाते हैं।

एक दिन नमक ने मुझसे पूछा—
हाथी के साथ मेरा क्या सम्बन्ध है
जो हाथी के मरने पर मेरे साथ दफनाते हैं उसे?
पूछा—उस ताकतवर जानवर के अन्दर भी
कोई दुःख है क्या
जिसे नमक से ढँकना पड़ता है?

मैंने कुछ नहीं कहा
नमक को कैसे समझायें आदमी का विज्ञान!
नमक भी भावुक है।

जब इनसान नहीं रहेगा तब भी रहेगा नमक।
जब दुनिया नहीं रहेगी तब भी रहेगा नमक।
क्योंकि तब ईश्वर आँसू बहायेगा
और आँसू का मतलब ही तो नमक है
नमक बचा रहेगा ईश्वर के आँसू बनकर!!

यह रहस्यमय और गूढ़ नमक
जिसने हमें इतना दिया है, इतना दिया है
जिसने दी है हमें जीवन की अमूल्य सम्पदा
दुःख का पाठ
जिसने दिया है हमारे जीवन में तैरने को
आँसुओं का एक समुद्र
उस नमक को मेरा नमस्कार।
नमक को मेरा नमस्कार!!

शिलांग, 16 अप्रैल' 89

धरती की सबसे अधिक सख़्त शिला
सफ़ेद चीड़ पेड़ के नीचे सोयी थी ह्विस्की के पीले नशे में

मैं किसकी तलाश में इस शिला के करीब आया था, नहीं जानता।
शिला की सतह और सूराखों में भर गयी चाँदनी
किसी नग्न लड़की की तरह कसमसाई थी शिला की उजली देह
पीली हवा का झोंका सनसनाता हुआ आया था कान की गुफ़ा में

मेरे जूते चाँदनी में विवर्ण हो गये थे।
सभी मानो चाँदनी में नग्न होना चाहते थे।
मेरी देह की पोशाक बेचैन थी
शिला मुड़ गयी थी, बल खाकर
मेरे होंठों पर झुक गयी थी

धरती की सबसे अधिक सख़्त शिला
पीली हवा, चाँदनी और सफ़ेद चीड़ पेड़ के नीचे
दो पल के लिए कोमल बन गयी थी

अचानक एक जंगली काँटा चुभने पर
मेरे पैर से बहने लगा था लहू और मैं देखकर
हैरान हुआ था
मेरा ख़ून लाल नहीं, पीला था

बारिश

हाथ उठाकर बारिश ने बस रुकवाई
और तेज़ी से बस के भीतर समा गयी
सीट खाली नहीं थी
मेरी देह से ही देह सटाकर,
हैण्डल पकड़कर खड़ी हो गयी बारिश

हवा, बादल, बिजली या गड़गड़ाहट-बारिश का कोई
साथी बैठा नहीं था किसी सीट पर।
उन पर जो बैठे थे, सब आदमी थे—
बारिश के लिए अनजाने!

बस के हिलने से बीच-बीच में
बारिश की बूँद और रिमझिम की आवाज़
लोगों की देह पर गिरती थी छिटक-छिटककर
कुछ लोग गरदन उठाकर, कुछ लोग
दूसरों के कन्धे के ऊपर से ही देखते थे बारिश को
जो एक चंचल लड़की की तरह
हैण्डल पकड़कर खड़ी थी

धीरे-धीरे बस की फ़र्श
बारिश के पानी से हो गयी
गीली-गीली
फिर भी कोई कुछ नहीं बोला,
सभी थे ख़ामोश

हौले से मेरे कन्धे पर
एक बाँह रख दी बारिश ने
मेरी जेब के काग़ज़
भीग गये कमीज़ के साथ
और भीगकर फैल गयी काग़ज़ों के बीच
मेरी एक अधूरी कविता भी
नाक के ऊपर से बूँद-बूँद बह रहा बारिश का पानी
पीया मेरे होंठों ने अनजाने

इसी तरह बारिश अनजाने में
मेरे भीतर समा गयी
मेरे भीतर था। एक नन्हा आकाश
आकाश देखते ही बारिश
बरसने लगी

भीतर और बाहर से भीगते-भीगते
मैं जब बेहाल हो गया
बारिश ने मेरे कान में फुसफुसाकर पूछा
'तुम बारिश में भीगे तो नहीं!'

रवीन्द्र संगीत

रवीन्द्र संगीत गाते हुए वह मर गया।
जैसे कि हमारे देश में सभी लोगों के पड़ोसी होते हैं
मेरा वह पड़ोसी भी बंगाली ही था।
उसकी औरत बाज़ार गयी थी—कल रविवार है,
आज वह हिलसा मछली खरीदेगी और
छोटी-मोटी एक-दो चीज़ें बिस्कुट, ब्रेड-बटर
और नवद्वीप का दही, पाउडर, सिन्दूर की डिब्बी
बिन्दी और साड़ी के फॉल वगैरह ख़रीदने के लिए
उसने पर्स से पैसे निकाले थे।
इस तरह बाहर जाना औरत को अच्छा लगता था
उसे भी अच्छा लगा कि अब रवीन्द्र संगीत में डूब जाऊँगा
दीवार पर दो छिपकलियाँ चल रही थीं। वह उन
छिपकलियों को देखते हुए रवीन्द्र संगीत गा रहा था।
रसोईघर के बेसिन के नल से थोड़े अन्तराल से
स्टील के बर्तनों पर पानी की बूँदें टपक रही थीं। उनकी आवाज़ भी
उसके संगीत के साथ ताल मिला रही थी।
दरवाज़ा बन्द था। विश्वास कीजिए
उसके घर में घुसने के लिए मक्खी बनकर खिड़की के रास्ते
जाने के अलावा कोई चारा नहीं था।
मुझे भी रवीन्द्र संगीत प्रिय था। पुराने दिनों की बातें

मैं रवीन्द्र संगीत सुनकर ही याद किया करता हूँ।
मैं हारमोनियम की बगल में बैठकर नज़दीक से रवीन्द्र संगीत
सुन रहा था। मुझे किसी ने देखा नहीं था। मुझे बुरी तरह कँपाती
हारमोनियम की तरंगों के बीच भी मैं स्थिर बना रहा।
इसी तन्मयता से वह गा रहा था, इतनी
तन्मयता से मैं सुन रहा था, सुन रही थीं दोनों छिपकलियाँ...
तभी अचानक वह हाँफने लगा
और पल भर में हारमोनियम पर ही गिर पड़ा
वह मृत्यु थी, मैं समझ गया था। मैं मक्खी आने लायक
खिड़की के रास्ते से होकर वापस लौट आया। छिपकलियाँ भी
कुछ समझकर उस जगह से चली गयीं
इसके बाद मैंने सोचा, थोड़ी देर बाद उसकी पत्नी आयेगी।
दरवाज़ा खटखटाकर थक जायेगी। रुआँसी होकर
पास-पड़ोसियों को बुलाएगी। लोग दरवाज़ा तोड़ेंगे
झूठमूठ का शोर-शराबा, तोड़-फोड़—इससे तो दरवाज़े की सिटकनी
खोल देना ही अच्छा है, सोचकर मैंने सिटकनी खोल दी।
पाठको, भूलें नहीं कि तब मैं मक्खी होते हुए भी वास्तव में
आदमी ही था। मैं अपने घर आकर निर्विकार पड़ोसी बन गया।
लेकिन मुझे ऐसा लगा उसकी मृत्यु ने
रवीन्द्र संगीत को और भी तेजस्वी बना दिया है।

खाने की मेज़ पर

खाने की मेज़ पर माँ के लिए कुर्सी नहीं थी।
हम गोल बैठकर एक साथ रात का खाना खा रहे थे।
तभी माँ आयी थी। आँख से आँख मिलने पर
मुझे खाँसी आ गयी थी। गला रुँध आया था। माँ की आँखें
छलछला आयीं। मैं उठकर माँ के पास नहीं गया था।
मैं खा नहीं पाया था। परिवार के लोग मुझे लेकर
चिन्तित हो उठे थे। अपनी बहू और पोती को
माँ पहचान नहीं पायी थी। माँ सत्रह साल बाद आयी थी।
माँ पहले की तरह ही थी, सत्ताईस साल की।
मैं माँ से बड़ा हो गया था। माँ की आँखें
छलछला आयी थीं मुझे बड़ा हुआ देखकर।

सूअर

देखा था उसे पहली बार एक गड्ढे में अपने घर के सामने
धूसर रंग का था वह। हमेशा आता और चला जाता
गड्ढे में एक तेज़ गन्ध छोड़कर
और एक दिन चढ़ आया वह मेरे बरामदे पर
घुस आया अन्दर ड्राइंग रूप का पर्दा ठेलकर...
मेरी फूलदार कालीन पर लोटकर अँगड़ाई ली।
मेरी ओर अपने त्रिभुजाकार मुख की टेढ़ी नज़र से देखता चला गया।
अगले दिन भी वह आया। उसके अगले दिन भी...रोज़ाना...
धीमे क़दमों को बढ़ाता एक दिन वह चला आया मेरे शयनकक्ष तक
सूँघे मेरे पलँग के पाये!
एकटक देखता रहा दीवार पर लटकी तस्वीरें
मेरी अलगनी को, कुर्सी, मेज़, गिलास, बोतल, कंघी और आईने को
देखता रहा मेरे चमकते जूतों को अपलक...
इसके बाद वह चला गया अपने त्रिभुजाकार मुख की
टेढ़ी नज़रों से मुझे देखता हुआ...।
फिर वह रोज़ाना आने लगा मेरे सजे-सँवरे शयनकक्ष में...
धीमे कदमों से एक दिन वह चढ़ गया मेरे चकचक मखमल के
बिछौने पर
और लेट गया अँगड़ाई लेकर। उसके धूसर शरीर से
निकलती धूसर गन्ध फैल गयी

मेरे शयनकक्ष के कोने-कोने में
उसके अगले दिन भी...उसके अगले दिन भी...
और एक दिन अपनी बहुरंगी गहरी नींद में मैंने देखा
सूअर के गुहाद्वार में मेरी कालीन प्रवेश कर रही है,
उसके बाद दीवार पर लटकी तस्वीरें, अलगनी, मेज़ के साथ
मेरा गिलास, बोतल, आईना, पलँग का एक पाया...
दूसरा पाया...बिछौने के साथ मैं, तीसरा पाया, चौथा पाया...
और मेरे चमकते जूते, शयनकक्ष का दरवाज़ा
खिड़की पूरा कमरा, उसके बाद मेरा ड्राइंग रूम
बरामदा...

अजगर

राजपथ पर रेंगते आ रहे उस विशाल अजगर की
पसलियों की चरमराहट उस दिन सभी ने सुनी थी।
अजगर के लिए रास्ता छोड़कर गाड़ी-मोटर वाले ट्रैफिक जाम में फँस
गये थे।
कौतूहल से चमकती आँखों की पंक्तियाँ, दुकानों के रुपहले मुख स्तब्ध
हो गये थे।
रेंगता आ रहा था वह, उसके पीछे-पीछे उसके पेट के नीचे
चढ़ा आ रहा था पारे की तरह भारी एक निशान।
स्फीत उदर में उसके चमक रहे थे असंख्य तारों के अण्डे।
विचलित मैं ब्रीफ़केस रास्ते पर छोड़
छिप गया एक मकान की छाया के चौकोर में।
मेरे ब्रीफ़केस से होकर जब पार हो गया अजगर।
तो फटकर चूर हो गया उसके भीतर का आयताकार शून्य
जिसे मैं ढो रहा था हज़ार सालों से।
उसके बाद सात मंज़िली विशाल अट्टालिका की सीढ़ी से
अजगर चढ़ गया सात कोने वाली कोठरी में
प्रसव के आवेग में।

सपने

सुबह-सुबह
सपनों के साथ खेलते रहने के चलते
माँ की डाँट सुनी थी
माँ को मुँह बिचकाकर चला गया था सपनों के साथ
दूर खेलने
माँ रोयी थी
खेलते-खेलते भरी दोपहर में
मेरी कमीज़ तार-तार कर सपने चले गये
मुँह बिचकाकर।
भरी दोपहर
कंगाल होकर आया हूँ
लौटकर
माँ के पास
खाना माँगने।

सुन्दर औरतें

सारी सुन्दर औरतें उतरती हैं सिटीबस से
और फ़ुटपाथ पर चलती हैं
शहर घड़ी बजाती है डंका ग्यारह बार
जब सुन्दर औरतें आती हैं
शहर अपनी सब खिड़कियाँ खोल देता है
कि दीखें वे सुन्दर औरतें!
वे एक खास तरह की ऊष्मा में दमकती हैं
ऊन बाज़ार से ऊन खरीदते हुए।
सुन्दर औरतें कविता नहीं लिखतीं।
सुन्दर औरतें शैम्पू से हफ़्ते में एक बार धोती हैं बाल
और धूप में कंघी करते हुए सुखाती हैं
'हेमन्ता शाह' नाम के कवि ने बेलेड लिखे सुन्दर औरतों पर
आता है मज़ा सब्ज़ियों को झोले में सुन्दर औरतों के,
सुन्दर औरतें पतियों के लिए बनियान ख़रीदती हैं
और शाम के पहले घर लौट आने को बेचैन हो जाती हैं
भीड़-भरी बस पर चढ़ जाती हैं,
तब बिला जाता है शहर,
वह पीछा कर नहीं पाता सुन्दर औरतों का
पर वे चाहें तो
शहर का चप्पा-चप्पा सकती हैं छान।

शब्द-द्वार

भिड़का है दरवाज़ा
यह वह दरवाज़ा नहीं
जिसका इस्तेमाल इस मुहावरे में हुआ था
कि मेरे दिल के दरवाज़े तुम्हारे लिए हमेशा खुले रहेंगे!

साधारण दरवाज़ा,
अभी इससे बिल्ली भीतर घुसी
और
और लेगी चुस्की दूध की
मकानमालिक चौकस यदि नहीं रहा!

औरत ने बिल्ली भगायी
और बन्द किया दरवाज़ा!

फिर
उसमें भी ऐसी कामना जगी
बिल्ली-जैसी कामना
कि वह दरवाज़े से भीतर चली आयी,
उस वाले दरवाज़े से
जो आया है

मुहावरे में
कि मेरे दिल के दरवाज़े तुम्हारे लिए हमेशा खुले रहेंगे!
(जाये) और लौट आये
इसके पहले कि दूध पी लिया जाये!
लेकिन
दरवाज़ा बन्द था!

शब्दों का दरवाज़ा बन्द हो जाता है!

सपनों की रेलगाड़ी

इतिहास से ज़्यादा पुराने
एक रेलवे ट्रैक पर
एक पुरातन रेलगाड़ी में
हम धरती से सफ़र करते हैं
स्वर्ग तक, नरक तक!

स्वर्ग में मेरे पिता हैं,
माता हैं, दादा-दादी
और परदादे भी
नीचे से ऊपर तक
ऊपर से नीचे तक
एक रूट पर पड़ते हैं दोनों।
स्वर्ग-नरक के बीच का जंक्शन धरती है।

कमरतोड़ रफ़्तार में
धरती से ट्रेन उड़ी
सात समुन्दर लाँघती
और सारे रेगिस्तान,
जंगल पर जंगल,
सब पीछे छूटे

कमरतोड़ रफ़्तार में
छुक-छुक-छुक-छुक
इतिहास से भी ज़्यादा पुराने ट्रेन पर।

पहुँच गये स्वर्ग
कौन-से समय में, आसान नहीं जानना!
सबसे मिले
माता-पिता, दादी-दादा
और भी कई
माँ ने तो गोदी में खींच लिया,
बोली—'चैन नहीं है यहाँ भी,
धरती के जैसा ही है स्वर्ग भी!
इस बार यह अपनी ट्रेन
सर्पिल गति से नीचे आयी
चीरती हुई रोशनी स्वर्ग की
और लेती प्रवेश नरक में
एक गहरी गुहा से!
जिसने की थी आत्महत्या,
वह मेरी बहन
थी अब नरक में।
मेरा वह क्रान्तिकारी मित्र भी वहाँ था अँधेरे में
जो मरा था पुलिस की गोली से
मैंने बहन को चूमा
और अंक में भर लिया दोस्त को!
वह भी बोला
कि चैन नहीं है नरक में,
और नरक भी धरती जैसा ही है!
स्वर्ग भी धरती के जैसा

नर्क भी धरती के जैसा
मरने के बाद भी
धरती,
मोक्ष के बाद भी धरती!
फिर हम वापस लौटे धरती पर
चीरते नर्क के अँधेरे!
लौटे उसी रूट से
इतिहास के इस किनारे से
उस किनारे तक,
उस किनारे से
इस आदम सफ़र तक!
इतिहास से भी ज़्यादा पुरातन
इस ट्रेन पर चढ़कर
इतिहास के भीतर घूमते रहे!

लौटते हुए दीखी
राह पर पड़ी एक घड़ी—
वर्तमान
और हम ट्रेन से उतर आये।
वर्तमान से भी ज़्यादा नवेली
इस आधुनिक ट्रेन की दूसरी यात्रा
होनी है अब भविष्य के पार।

रिडक्शन सेल

बाहर हैंगर से 'रिडक्शन' सेल लिखी
लटकी है एक कमीज़

शायद दो साल पहले सिला होगा
उसे किसी सकरुण दर्जी ने

आदमी की छाती और बाँहों के माप से
दर्जी ने काटा होगा उसे
सिलाई मशीन से ताल मिलाकर
पैर चलाते हुए उसके होंठों पर चिपकी होगी हँसी
और बदन के काज पर अपना दिल सीकर
उसने सपना देखा होगा उस दिन
कमीज़ में किसी को डालने का
उसके ताप से किसी को
लपेटने का

उसके बाद दुकान की सेल्फ पर
पड़ी रही वह कमीज़
उस ग्राहक के लिए गीत गाती
जिसके लिए गीत गाने को जन्म हुआ था उसका

निर्विकार ग्राहकों की आँखें
पार होती रहीं उसके ऊपर से
हाथ, अँगुलियाँ, अनमेल सपनों के रंग
अनिच्छा के बादल उलट-पलटकर
छोड़ गये थे उसे,
किसी ने नहीं सुना
उस कमीज़ का थका हुआ गीत
वह धीरे-धीरे मायूस होती गयी।

अब इस शहर में उत्सव आया है।
प्रवासी चिड़ियों की तरह
कपड़ों से भर गया है शहर
और उस कमीज़ के लिए
जगह नहीं बची सेल्फ पर
दुकानदार ने 'रिडक्शन सेल' लिखकर
बाहर लटका दी है
वह कातर करुण कमीज़।

अब वह कमीज़
दूर नज़रें टिकाए
हवा में झूलती है
धूल और धूप
ने सोख लिया है उसका बहुरंगी ख़ून

फिर भी सपने देख वह
गीत गाती है और सोचती है
इस शहर में एक तो कोई गरीब ग्राहक है
जिसका सपना बार-बार टूटा है,

क्या वह नहीं आयेगा
'रिडक्डशन' सेल के बीच खोजता
मुझे, केवल मुझे, केवल मेरे लिए

दूसरों के सपने ख़रीदता फिरता कवि हूँ मैं
हवा से कमीज़ को उतारता हूँ
अपनी देह पर रख परखता हूँ उसकी विषादमय देह
और सस्ते में खरीद ले जाता हूँ
उसका सनातन सपना

हवा के हैंगर पर
झूलती एक कमीज़ 'रिडक्शन सेल' लिखी
जेब में है जिसके एक ढलती हुई दोपहर।

□□

अनामिका निबन्ध लिखती हैं, अख़बारों और पत्रिकाओं में स्तम्भ लिखती हैं, कहानियाँ और उपन्यास रचती हैं, कविताओं और उपन्यासों का अनुवाद-सम्पादन करती हैं, और अंग्रेज़ी साहित्य का अध्यापन करती हैं। एक पब्लिक इंटेलेक्चुअल के रूप में व्याख्यान देने से लेकर स्त्रीवादी पब्लिक स्फ़ियर में सक्रिय रहने तक वे और भी बहुत कुछ करती हैं। पर, सबसे पहले और सबसे बाद में, वे एक कवि हैं।

1961 के उत्तरार्द्ध में मुज़फ़्फ़रपुर, बिहार में जन्मी और अंग्रेज़ी साहित्य से पीएच.डी. अनामिका राजभाषा परिषद् पुरस्कार (1987), गिरिजाकुमार माथुर सम्मान (1993), भारतभूषण अग्रवाल पुरस्कार (1995), साहित्यकार सम्मान (1997), परम्परा सम्मान (2001) और साहित्य सेतु सम्मान (2004), केदार सम्मान (2008), शमशेर सम्मान (2014), मुक्तिबोध सम्मान (2015), वाणी फ़ाउंडेशन डिस्टिंग्विश्ड ट्रांसलेटर अवार्ड (2017)। वैली ऑफ़ वर्ड्ज़ अवार्ड (2020), साहित्य अकादेमी पुरस्कार (2021), कन्हैयालाल सेठिया अवार्ड (2021) से विभूषित हो चुकी हैं।

प्रकाशित कृतियाँ :

आलोचना : पोस्ट एलिएट पोएट्री : अ वॉएज फ्रॉम कंफ्लिक्ट टु आइसोलेशन, डन क्रिटिसिज़्म डाउन द एजेज़, फ़ेमिनिस्ट पोएटिक्स : वेयर किंगफ़िशर्ज़ कैच फायर, प्रोटो-फ़ेमिनिस्ट हिन्दी-उर्दू वर्ल्ड, ट्रीटमेंट ऑव लव ऐंड डेथ इन पोस्ट वार अमेरिकन विमेन पोएट्स, ट्रांसलेटिंग रेशियल मेमरी।

विमर्श : स्त्रीत्व का मानचित्र, मन माँजने की ज़रूरत, पानी जो पत्थर पीता है, स्त्री-विमर्श का लोकपक्ष, त्रियाचरित्रं : उत्तरकाण्ड, स्वाधीनता का स्त्री-पक्ष।

कविता : ग़लत पते की चिट्ठी, बीजाक्षर, समय के शहर में, अनुष्टुप्, कविता में औरत, खुरदरी हथेलियाँ, दूब-धान, थेरी गाथा : टोकरी में दिगन्त, पानी को सब याद था, वर्किंग विमेंस हॉस्टल और अन्य कविताएँ।

कहानी : प्रतिनायक।

संस्मरण : एक ठो शहर था, एक थे शेक्सपियर, एक थे चार्ल्स डिकेंस।

उपन्यास : अवान्तर कथा, दस द्वारे का पींजरा, तिनका तिनके पास, आईका साज़।

अनुवाद : नागमंडल (गिरीश कार्नाड), रिल्के की कविताएँ, एफ्रो-इंग्लिश पोएम्स, अटलांत के आर-पार (समकालीन अंग्रेज़ी कविता), कहती हैं औरतें (विश्व साहित्य की स्त्रीवादी कविताएँ), भाषिक पुनर्वास।